让客户当场签单

卢战卡 著

中国友谊出版公司

图书在版编目（CIP）数据

让客户当场签单 / 卢战卡著 . —北京：中国友谊出版公司，2021.3
 ISBN 978-7-5057-5141-5

Ⅰ．①让… Ⅱ．①卢… Ⅲ．①销售－方法 Ⅳ．①F713.3

中国版本图书馆CIP数据核字（2021）第023507号

书名	让客户当场签单
作者	卢战卡 著
出版	中国友谊出版公司
发行	中国友谊出版公司
经销	新华书店
印刷	三河市冀华印务有限公司
规格	880×1230毫米　32开 8.25印张　175千字
版次	2021年3月第1版
印次	2021年3月第1次印刷
书号	ISBN 978-7-5057-5141-5
定价	48.00元
地址	北京市朝阳区西坝河南里17号楼
邮编	100028
电话	（010）64678009

如发现图书质量问题，可联系调换。质量投诉电话：010-82069336

目录

1 三流的销售会吆喝，一流的销售懂人性　001

学会三个"掌控"人性的法则，让客户主动说"我要买"　002
状态决定销售成败，三种外在环境刺激法助你成交　006
三步御心术，让顾客跟着你的思路走　010
解锁客户心中六把锁，不必明说但一定最关键　015
销售员的这六个臭毛病，中招一个，要立刻改　022
做销售一定要慎说六种话，不然快成交的订单也会跑单　027
顾客遇到销售就火大，如何让他卸掉防备　031
如何利用"肢体语言"来影响客户以促进成交　037

2 如何说顾客才会听，如何做顾客才会买　　043

如何获取顾客信任，让顾客主动成交　　044
如何引导顾客跟着你的思路走，最终实现交易　　049
做销售不会逼单怎么办？五招逼单术让客户无法拒绝　　053
死记硬背1000句话，不如讲1个动人故事　　059
善于在成交环节问话，销售立马翻倍　　063
成交最关键时刻怎样说，才能让客户不后悔还高兴　　068
顾客不相信你跟他说的话，如何打消他的疑虑　　072

3 厉害了！秘不外传的黄金成交法则　　077

销售产品时，一个方法让客户"赖上你"成交
（"小狗成交法"）　　078
从被动销售成为主动成交高手（ABC法则）　　083
怎么给顾客报价才更占主动性（"三步报价法"）　　089
读懂客户的五种"成交信号"，恰到好处地收单　　093
客户比你还懂销售套路，如何应对才能拿下订单　　097
不知道怎么回复顾客的问题？一个方法助你对答如流　　102

4 客户需求：如何挖掘客户内心隐秘的角落   107

销售想赚大钱，先抓准客户痛点、兴奋点   108
如何把商家的卖点变为客户有兴趣的买点   111
如何提高效率，拿下单价超百万元的大客户   116
销售时带上这四样东西，让顾客难以拒绝   120

5 逆向思维，玩转差异化营销   125

如何借助逆向思维实现收益倍增   126
如何让老客户帮忙介绍新客户，实现裂变营销   130
如何做促销，让客户感觉占到了便宜   135
如何少花钱多办事，学会送赠品的正确玩法   139
销售在推销时总被拒绝怎么办   144
小本生意，如何做营销才能收益倍增   148

6 客户维护：如何让客户和你一直走下去 153

当同行也在接触我们的客户，如何防止生意被人抢走　154
如何让客户长期复购我们的产品，不被竞争对手抢走　159
顾客冲你发火时，如何轻松平息对方的怒火　164
和客户拉关系，如果不注意这四点，对方会非常反感　168
如何将新客户变成可持续复购的老客户　173
顾客说"我想买你同行的"，怎么做才能挽回订单　177
客户说"我们已经有供应商了"，如何挖同行的客户　183
顾客拉着同伴来把关，如何把对方变盟友　187
客户用上了同行的产品还挺满意，如何让他转变想法　191

7 因人而异，类型客户的销售心法 195

客户分九类，如何因人而异实现成交　196
如何面对理智型的客户　202
如何跟非常强势的狮子型大老板打交道　207
如何跟完美主义的猫头鹰型老板打交道　212
如何跟善于社交的孔雀型老板轻松实现成交　216
遇到谨慎的绵羊型领导，如何跟他打交道　221

如何拿下生性多疑、总爱"挑刺"的顾客	226
如何发现高附加值客户，让他们直接按原价购买	231
如何把东西卖给熟人还不招人讨厌	234

8 团队管理：凝聚正能量，创造超凡业绩　　239

树立信念：销售，关系到每个人的幸福	240
做好这四个角色，从销售冠军到销售管理精英	245
团队都在抢同一个客户，如何不得罪同事也能顺利签单	250

1

三流的销售会吆喝，一流的销售懂人性

学会三个"掌控"人性的法则，让客户主动说"我要买"

销售员小王有个梦想——在他的每一次销售中，每一位顾客都能主动地说："我要买！"

小王问我，有没有什么方法，能让他梦想成真呢？我教给大家三个人性应用法则，只要我们善于运用这些法则，一定可以激发顾客更多的成交行为。

第一个应用法则：呈现稀缺，强化稀缺。

大家都知道"物以稀为贵"，只要是稀缺的东西，往往就更容易激发人的占有欲，也更容易让人想要占有。哪怕我们不是真正的稀缺，也要呈现出稀缺性。只要顾客觉得稀缺，他们就会产生想要占有的冲动。

聪明的商家，往往不一下子给客户很多选择，这样会把客户惯坏，会让客户觉得自己有优越感，占据了主动。聪明的商家怎么做呢？他会给顾客限量版的选择。

比如，有个古董店的老板，有一次卖古董的时候，一个老外跟他谈价。

"这两个瓷瓶一模一样，加起来能不能便宜一点呢？我两个都要。"

老外正要讲价钱，古董店老板"咣"的一声就把其中一个瓷瓶给摔碎了。

老板说："现在就剩下最后一个了，还讲价吗？我保证全天下会有更多的人想要占有它，现在价钱更高了，要不要？"

当然，这是一个特殊案例。不过，平常现实生活中卖东西也是一样的，我们要想办法给别人一种"你今天再不抢，产品马上就停产，马上就断货，过了这村就没这店儿"的感觉。

赠品也一样，不要准备得很丰富，只要让顾客感觉有很丰富的东西，顾客就会等待。这一等，可能被风一吹，就会被别的商家干扰，人家就不会过来买你的产品了。

所以，我们要给客户做限量推销，要表示就剩这最后几个了。不管是特价品，还是赠品，都要体现出限量版，不断呈现稀缺，强化稀缺。

第二个应用法则：扩大传播，引来围观。

人都是有从众心理的，越是有很多人围观的地方，就越会有更多人进来，更多的人就会选择在这里消费。我们进超市的时候，会发现超市里经常会做类似围观效应的布局。比如，在水果区，一群人围过来的时候，我们会认为那块区域的水果绝对是质量好、性价比高的，花再多时间我们也得想办法挤进去抢一些。这就是占便宜的心理。

所以，销售产品，我们要扩大宣传，引来围观。只要有人围观，那就证明这产品是好的，抢是没错的，这就是普通人的常识。

我妈妈去菜市场买桃，每次排队买的桃，她都觉得更好吃，因为这是她围观而买来的。人一围观就想抢，就想拿到那个自认为更好的东西，尽管花的钱一点也不少。

越围观，就显得越稀缺；越稀缺，顾客就越想占有。只要顾客的占有欲一上来，价值感就会上来，他们就会觉得更值得拥有某样东西。

第三个应用法则：制造竞争、争抢的局面。

"行动等于稀缺加竞争"，这是让人行动的魔鬼公式。又稀缺又充满竞争时，人们都是更抢着行动，疯狂且更不理智。

比如一些拍卖会、一些竞拍场合（比如汽车摇号），在竞拍的时候，我们很容易给出能给出的最高价。一个东西我们本来最高准备出3万，但是发现有很多人都在竞价，处在特别浓厚的竞争氛围的时候，我们可能愿意出到5万。

人一遇到竞争者，都有不服输的一面。并且，大家总会觉得它应该是属于我的，我为什么要拱手让人呢？

比如卖房或出租房的销售人员，在让客户过来看房的时候，会再叫一拨人同时过来，再叫的这拨人是真客户还是假客户不确定，但只要他们过来了，真客户就会更快、更容易做决定。为什么？因为说不定他本来还想挑毛病，但是当看到别人过来说"很不错、很好、很想要"的时候，他就会受环境的刺激，和销售员说："先来后到，我们先来的，能不能先定？"

销售人员要的就是这种争抢的决定和行动。

又如饥饿营销、双11、双12、618等，以及零点开拍之类的活动，为什么要搞这类集中式的活动呢？只有这样，才有竞争，才能制造一种"它是属于你的，你不能拱手相让给别人"的竞争局面，也就会让顾客变得不理智。

即使顾客没有抢到那些特惠的限量版，他也不会让自己的时间白白浪费，他会愿意继续耗点时间，去抢那些稍微优惠的东西，以给自己一些心理安慰。这正是很多购物网站做这种集中式的竞争争抢活动的意义所在。

总结

想让顾客主动说"我要买"，让顾客主动去争抢，我们需要善用三个人性应用法则。

一、呈现稀缺，强化稀缺。

二、扩大传播，引来围观。

三、制造竞争、争抢的局面。

状态决定销售成败，三种外在环境刺激法助你成交

做销售的，都需要每次出门前让自己拥有一个好状态，怎么做呢？送你三种外在环境刺激法。

一、找到冲击性的视频或音乐让自己受鼓舞。

二、找到集体式的环境相互鼓舞。

三、设计心锚动作，改善肢体语言。

图 1-1　三种外在环境刺激法

一、找到冲击性的视频或音乐让自己受鼓舞。

比如《华尔街之狼》，如果大家看过的话，都知道里边有很

多打"鸡血"的场面。还有很多激励人心的影片,像《当幸福来敲门》等,我们都可以把这些影片里曾经打动过我们的,或者曾经让我们联想到某些相应场景、相应事实的环节截取下来,放到手机里,时不时地点开看一看。

现在很多短视频平台,都有这些相关片段的截取汇总,我们可以把这些片段放在手机里,随时给自己找一下信心,找一下那种打"鸡血"的感觉。虽然有些人本身自带"鸡血",不需要这些,但对于大部分人来说,这些东西在当时情况下还是会起到一定的刺激作用。

当然,一些特别鼓舞人心的音乐,一段特别积极正能量的音乐,也很难让自己的情绪低落下去,是能起到很大作用的。比如《我相信》等,这种情绪非常激昂的歌曲,都很正能量。听到这些,你会走出低迷,至少也会有一个中上等的状态。

二、找到集体式的环境相互鼓舞。

我们可以找集体式相互鼓舞的环境去刺激,这主要是针对初入职场,内心还不足够强大,需要有一个氛围去带动的朋友们。

比如保险、直销、微商等很多这类企业,早上要开晨会,每天晨会一开就是半小时到一小时,大伙儿喊口号、击掌,甚至打开自己的肢体动作,去做一些相应的运动。当然,是听着特别震撼人心的音乐做这些事的,一般要花费十几或二十分钟的时间。

做这些有什么用呢？如果你本身非常抵触这种行为，那么这种策略就不适用于你，但它毕竟还是适用于有些人的。有些人在这种外在环境的刺激下，大家一击掌，一拥抱，加油打一下气，然后，音乐响起，在这样一种氛围里，他们开始哭，为什么？因为昨天跑了一天没什么订单，原本都想退出了，但早上这样一番经历，又重新燃起了自己的激情。所以，这个外在环境的刺激还是有必要的。

又如，一些社会培训现场，我们有些人包括我在内可能不太看得上。这些人刚一开场，就带着大家去击掌。他们这样做的巅峰状态，甚至达到半小时，你不能说好，也不能说不好，但确实对某些人有用。

三、设计心锚动作，改善肢体语言。

第三个刺激方法，是设计我们自己的心锚动作，改善自己的肢体语言。当肢体语言打开，我们在做事业、做销售的过程中，往往也就更加有信心。

比如平常我们跑步，尤其是长跑型的选手，在长跑过程中所锻炼的这种坚持的毅力，对未来也更有定力，更有相应的信心。

所以心锚动作在这方面也很重要。有些人，给自己做心锚动作就是振臂，像博尔特这种飞人，他在起跑之前或在成功之后就经常做这样一个动作。他其实是在加持自己的一种心理。当一个人不断给自己重复一个能加持自信的动作的话，时间长了，这个动作就会留在自己的潜意识里，成为一种条件反射。当你再做这个动作的时候，莫名其妙地就有一种成功的喜悦感，或者是受欢迎的自豪感。

所以，我们平常可以在安静的情况下，给自己设计一个心锚动作，去想象自己最受欢迎的、最成功的、最顺利的那种自豪骄傲的场面。冥想在非常逼真的情况下重复的一个动作，甭管是打响指、振臂，还是踢腿，总之要每次在情绪到达最高潮的时候，重复这个动作。做得久了，慢慢地未来有一天，当你重复这个动作时，莫名其妙地，情绪就上来了。当然，这需要长期练习。可能有的人也不见得适用，那就要找到适用于自己的，让自己快速获取这种状态的方法。

总结

以上三种方法，就是我们的三种外在环境刺激法。

第一，我们要找到冲击性的音乐或者视频，经常给自己刺激一下。

第二，找到可以刺激自己的环境，尤其是特别带氛围的、人与人之间互动的环境，以刺激自己。

第三，设计自己的心锚动作，改变自己的肢体语言，让自己坚持做一些充满正能量的运动。

这些，都是让自己获得好的销售状态的方法。

三步御心术，让顾客跟着你的思路走

在销售沟通中，怎么让客户跟着我们的思路走，实现润物细无声的成交呢？送你三步御心术，即问题、原因、方案。

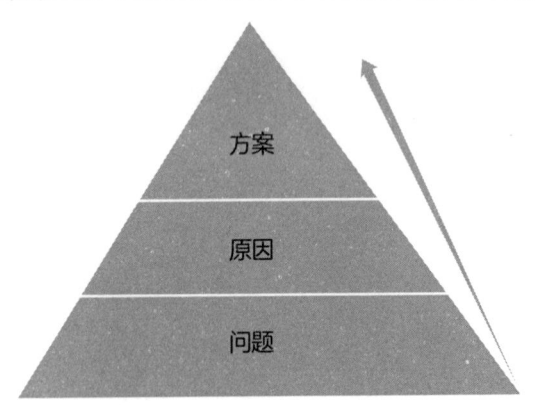

图 1-2 销售沟通三步御心术

第一步御心术——问题。

简单地说,就是我们要先发现客户的痛点,然后提醒和放大客户这个痛点和问题,让顾客感觉到更强烈的需求。

第二步御心术——原因。

我们要去揭晓顾客为什么会有这样的痛点,分析顾客问题背后深层次的原因到底是什么。

如果我们分析问题分析得入木三分,确实让顾客意识到了问题的本质(比如让他意识到主要原因是他没有预防隐患的意识,或者是在某些方面一直在做着表层的、表面的、无效的、肤浅的、无用功的努力,再或者仅仅是治标而不治本等),才能够让顾客从内心里开始承认和佩服,才愿意听取我们的建议。并且,只有我们能让他认识到问题的本质,那么,我们在对症下药说方案的时候,顾客才会觉得合情合理。

第三步御心术——方案。

经过了前面的问题分析,销售员将针对根本原因、本质问题提出我们的解决方案,这时客户会更容易接受。

三步御心术的实例。

在销售沟通中,三步御心术如何具体地进行运用呢?举个例子,以便大家更好地理解。

如果我们销售洗衣机,就需要了解,和其他品牌的洗衣机相比，我们的产品的独特性是什么，差异性又在哪里。比如，滚筒不一样，我们的滚筒是免污式、全封闭的，不会造成衣服污染，并且不会传递细菌。

我们需要根据自己产品的独特性向上反推，反推一件事情的原因，然后再反推这件事情的具体状况以及痛点问题，这样的话，就可以用问题切入跟客户聊天。比如说客户家里有小孩，一定会特别注意污染和细菌问题，所以和宝妈去聊免污式全封闭的洗衣机，就可以这样跟她聊：

"有了孩子，咱们宝妈都不省心。孩子的皮肤嫩啊，容易皮肤过敏，一过敏还特别容易生病，尤其是夏天，这特别让咱们当妈妈的焦虑。"

皮肤过敏 → 衣服洗不干净 → 传统洗衣机 → 污垢细菌

清洗麻烦 → 降低成本 → 免污式全封闭

图1-3 三步御心术实例——免污式全封闭洗衣机

我们说到的这个问题，是客户特别能感触到的场景式的问题，她会很有代入感，这时，我们可以继续跟她推理：

"衣服为什么又洗不干净呢？这是洗衣机的问题，而不是洗衣粉、洗衣液的问题。很多传统的洗衣机，一般是双层滚筒的设计，双层滚筒里边清理不干净，容易夹杂一些污垢、细菌，长此以往，这些细菌就容易附着到清洗的衣物上了。再通过衣服传递到了孩子身上，就特别容易引起孩子的皮肤过敏。"

我们这么一说，就是把这个问题揭晓到洗衣机的本质问题，洗衣机能不能洗得更干净、更彻底、更排污、更去菌，这是本质问题。接着，我们再举例。

"我们用那些传统洗衣机，大家都在进行着无效的清理、无效的努力，就说那种双层的滚筒洗衣机吧，有些时候咱们自己清理还很不方便。有些人呢，倒点白醋或者用清洁剂，这种方式也清理不干净啊。如果请师傅上门清洗，不但很贵，而且还要花特别多的时间，我们没时间一直陪着呀。并且，万一有些时候忘了请人清洗，到最后还会导致这种隐患继续发生。"

我们把这种什么无效的努力也解释了，接着就可以揭示怎样让客户更省心地、一次性解决这些焦虑的解决方案。

"我们家的洗衣机专门针对这种问题，提出了一个根本式的解决方案，使用免污式全封闭滚筒洗衣机。"

接着，我们可以解释和介绍这款免污式全封闭滚筒洗衣机，它的免污结构的设计和密闭性，以及如何防菌、去污，等等。

我们把设计的原理给客户解释完了之后，她就更容易接受："还有这种产品啊，那太省心了，以后不用自己去清洁了，也不用请师傅上门了。"自然，她也不用再焦虑自己的孩子皮肤过敏的问题了。

以上就是我们用了三步御心术的思路。

我们是用场景式的痛点问题抓住了对方，再解释这种场景式问题背后的原因，一层一层，解释得足够深入，客户再怎么去努力，传统方案都解决不了根本问题。那该怎么办？我们的产品直接治根，且是对症下药的对应式解决方案。

这样，客户就无法反驳这个方案。如果不买它的话，心里就特别痒痒，特别痛苦。

发现客户问题 → 分析具体原因 → 提出解决方案

图1-4 销售沟通的三步御心术

总结

三步御心术：

第一步，发现客户问题。

第二步，针对问题，分析原因。

第三步，针对原因，提出解决方案。

解锁客户心中六把锁，不必明说但一定最关键

我们拜访客户，或与客户面谈时，为什么总是不能顺利成交呢？很简单，就是因为我们在见客户之前，没提前把握住他心中的六把锁。

什么叫客户心中的锁？就是指客户不见得会说，但心里一定会想到的一些关键问题。如果我们能针对这些关键问题，提前准备相应的话术，再一把一把地给客户解开这些锁，那成交就是水到渠成的事。

客户心中有哪六把锁呢？

第一把，你是谁？

第二把，你要跟我说什么？

第三把，你说的对我有什么好处？

第四把，你怎么证明你说的是真的，我凭什么要相信你？

第五把，我为什么要向你买？

第六把，我为什么要立刻向你买？

解开客户的这六把锁，回答这六个关键问题，是我们需要提前准备的。但我们不一定非得等到客户询问才去回答，其实我们可以采用自问自答的形式，去给客户把这些疑虑全部化解开。

一、你是谁？	二、你要跟我说什么？
三、你说的对我有什么好处？	四、我凭什么要相信你？
五、我为什么要向你买？	六、我为什么要立刻向你买？

图1-5　客户心中的六把锁（六个关键问题）

第一把锁，你是谁？

与客户沟通，我们第一个要做的就是，让客户非常清楚，我们是以什么角色在跟他沟通。

比如，我们今天是以一个美妆行业的代理人的角色与客户沟通，那么，我们今天就需要做一些什么，以便符合这个角色。比如，在形象上，在外表的皮肤上，可以做得让客户觉得赏心悦目一些，让客户觉得我们是一个非常注重保养的人。我们是这方面产品的代言人，首先要给客户专业的感觉。

第二把锁，你要跟我说什么？

确认角色之后，我们需要确认"要给顾客说什么"。比如，要给客户谈健康养生的问题,谈怎么样去保养皮肤的问题,或者谈如何让自己形象能够大幅提升的问题,等等。我们首先要给顾客表明我们的态度,那就是,今天我们聊什么?

这本身就是一个商业社交的行为,如果我们本来就在这种商业推广的场景之中,那么,我们更要让顾客知道,现在拦住他到底要说什么,才会让他觉得这个东西跟他相关。只有客户意识到这事跟自己有关系,他才会有动力继续听下去,才会对接下来的话题感兴趣。

为了让客户更容易接受我们,有些时候,我们需要扮演一些让客户更能够接受的形象。比如相对比较专业的专家形象;又如,在街头做商业推广的时候,扮演调研的角色或者采访的角色。

在这样一种身份以及我们口吻的设定之下,在这样一种情景之下,客户就更容易打开心门,不设防地进行相应的沟通,这样才能听到对方的真心话。

第三把锁,你说的对我有什么好处?

先举个例子。一位调研员拦住一位顾客:"您能配合我们做一个小调研吗?只耽误您两分钟,一会儿我们有个小礼物赠送给您。"——这就是让客户意识到对他有什么样的好处。

有些时候,我们直接带着自己的方案、服务,以及产品,想帮客户解决问题。这时,也不要直接去提自己的方案、服务、产品,而是以专业的形象,上来和客户说:"你给我两分钟时间,我帮你解决什么样的困扰。"

这样，我们能给客户留下专业的、有实战经验的、能帮他解决问题的、能给他带来好处的印象，而不是一上来给他一种要卖给他东西、从他身上赚钱的印象。

第四把锁，你怎么证明你说的是真的，我凭什么要相信你？

客户凭什么相信我们能给他带来这些好处、能给他解决这些问题呢？这个时候，我们就需要想办法证明自己了。

可以举一些自己的成功案例，或者是举一些自己的相关见证，比如如下的话术：

"曾经我遇到过很多像你这样的人，原来他们也都非常困扰，甚至走过很多的弯路，但是后来通过我这种独特的方法，当时就给他们排忧解难了。你看，我手机上还有这些人给我发的感谢截图，他们曾经来我们单位参加活动，还给我留下了相应的感言寄语。"

以上的话术叫作"用事实说话"，证明我们不是在自卖自夸。我们要想办法拿出更多的第三方事实，让客户相信。

比如，我们的专业能力，怎么证明呢？我们可以拿出自己相应的资质证书，或者曾经获得的相应荣誉。

以上这些，都是希望在跟客户的沟通中，通过给客户一些见证，证明我们很正规，也很有实力，从而打消对方的疑虑。

第五把锁，我为什么要向你买？

顾客凭什么要买我们的产品呢？凭什么要向我这个销售员买呢？他完全可以找我们的同行和竞争对手去买，也完全可以找公司的其他同事去买。

为了回答这个问题，我们要拿出公司的独特性来，拿出自己的独特性来，或者是拿出目前所谈的方案的独特性来。只有拥有独特性和唯一性，我们才能优于别人，才能够让客户找到向我们购买而不向别人购买的理由。

第六把锁，我为什么要立刻向你买？

好了，我向你买这个产品，但是，我为什么要立刻向你买呢？

销售人员需要好好回答这个问题。因为，如果客户不当场下单的话，很有可能他就不买了。比如，他出去之后受到其他很多人的干扰，或者时间长了之后，他没了那么强烈的购买欲望。这些，都是风险因素，我们需要在当下，趁对方最了解情况，趁对方最激动、最感性的时候，能拿下就拿下。

但是，要拿下订单，需要给顾客一个心理动机，因为顾客采取任何的行动，都往往源于他自己的动机。

那么，一般在这种情况下，什么样的理由更容易促动对方当下就决定购买呢？

零风险 ➕ 额外附赠 ➕ 当下机会

图1-6 为什么立刻就买？

一、零风险。

首先要让客户看到他今天做决定是没有风险的，或者我们可以签署承担风险的相关保障性协议，或者是有其他偿付的机制。

让客户知道：今天下单，如果多少天之内后悔了，可以全额退款；或者觉得不满意了，可以随时拿回自己当时的投入，甚至还可以额外得到什么样的补偿。

这就是零风险、负风险策略。

二、额外的附赠机会。

除了零风险、负风险策略之外，额外的附赠机会或者特惠机会也容易促成客户当场做决定。我们要突出今天的额外，激发客户占便宜的心理。

比如这么说："如果你今天决定购买，我们就有赠品，或者买一赠一，甚至可以送你一个大件物品。"

三、当下的机会感。

当下的机会感，是指时机的感觉，就是提醒客户机会就在今天,以促使客户当场做决定。

比如这么说:"如果你今天做决定,今天就可以享受我们店里的特惠活动,可以给你进行减免,甚至我们还可以给你延长保质期。这些,都是基于你现在的决定才能享有的,如果走出这门店,错过了今天,未来这个优惠就再也没有了。"

总结

想让客户更顺利地成交,我们要解决对方嘴上即使不说,其实心里一定会想的六个问题(六把锁)。

第一,你是谁?

第二,你要跟我说什么?

第三,你说的对我有什么好处?

第四,我凭什么要相信你?

第五,我为什么向你买?

第六,我为什么要立刻向你买?

当我们每次都能针对客户心中的这六把锁,提前准备好相应的解锁话术的话,我相信,每次都可以更顺利地成交。

销售员的这六个臭毛病，中招一个，要立刻改

为什么有些销售见过很多客户，但业绩却一直提不上来呢？其中原因，有可能是他犯了下面我要讲的臭毛病。如果销售人员犯了这六个臭毛病，却一直不改，他就还会损失更多本可成交的订单。

第一个臭毛病——话多。

有些销售觉得自己口才不错，逢人就说个没完。但是我们要注意的是，如果只顾自说自话，捕捉不到客户的心态以及情绪的变化，那么，说得越多，到最后全都是无用的东西，客户的本质需求一直都没有抓住，客户仍然觉得你不够懂他，没有意义。

口才好，也一定要收敛，要讲究时机。我们不需要随时随

地都表现得好像特别会表达，越是这样，反而越容易让客户警惕，客户反而认为你口才这么好，说服力很强，一定要防着，从而激发了他的防备心。

所以，在成交环节最忌讳的就是太过健谈。成交的环节，对方都已经有准备要成交了，如果还说出很多的问题来，让客户又想到了更多的问题，这纯粹是在给自己找麻烦。

在成交环节，作为销售要想办法微笑、递单、注视、闭嘴，能少说就少说，在那样一种氛围之下，能让客户快速签单拿钱，那就快速让他签单好了。

第二个臭毛病——夸大。

有些销售，客户说什么都答应下来，问什么都说"没问题，肯定没问题，我们产品绝对做得超级牛，我们行业第一"，等等。只要在客户心里留下了这种满嘴跑火车的印象，客户就不可能跟我们成交，严重的话，甚至还有可能传播我们的负面口碑。

我们不要太轻易答应别人，更不要那么轻易地去承诺，不要别人提到什么就答应什么。有些时候承认一些自己的缺点、一些毛病，其实反而是一件好事，因为，任何人、任何事都有不完美的一面。拿出自己不完美的一面，表明我们的产品也不全都是优点，我们愿意自证缺点，反而让客户觉得我们特别诚实、特别真实。

第三个臭毛病——前后不一。

前后不一,就是在成交的时候特别殷勤,很多的承诺满口答应,但成交完了之后,对客户不太搭理,客户的使用情况及使用效果也不过问。

对这种前后不一的销售,客户肯定以后再也不会找他下单了,甚至会和周围的朋友说:"那个谁,刚开始特别殷勤,买完了之后,跟风似的一溜烟跑了,前后不一,特别让人反感。"

第四个臭毛病——不重细节。

有些销售见客户之前连整理自己一番都不愿意,鸡窝头加上吊儿郎当的着装打扮就去见客户。客户一看这么不职业,他肯定不相信这销售员的业务能力。

比如卖化妆品的,自己都不化妆,而且满脸青春痘,能让别人相信用上这个产品就能改善她的皮肤吗?不可能啊。

还有一种细节,接电话时,客户还没说完,直接就"啪"的一声挂了电话。如果我们把客户真的放在心上,是不是需要等客户挂完电话之后再挂呢?

另外,还有一种销售,见客户就一直谈"我认为""我觉得",却从来拿不出更多的客观数据、行业数据、相关的调研分析,这样的话,就会让别人觉得你很不靠谱。

销售跟客户打交道的时候,需要特别注重客户所说的一些关键点,全部都记到笔记本上。很可惜,一些销售人员根本没有这种习惯，光对个嘴，啥东西都不带，客户问什么，满口答应，这样客户是不会相信的，因为看不到一个实实在在的态度，也看不到相应的数据、见证和工具。所以，我们至少要给客户留下一个真正在意他们问题的姿态，客户说到了什么重点，我们就想办法把它记下来。

第五个臭毛病——急功近利。

有些销售巴不得客户马上与自己成交，殊不知，就是这种着急要钱、着急签单的态度，让客户看到、感受到了，客户反而越难以签单。

因为谁都不傻，越是留下这样一种印象，越让客户后怕，他这么着急，是不是有什么问题？签完单之后，不会跑了吧？后期遇到什么麻烦，还会帮我解决吗？

客户心里有问题，一般他不会直接说出来，因为他说出来也知道你满口都会答应。所以，我们不要表现得太急功近利，要给对方一种我想跟你长期做生意的感觉，今天即使不成交，咱们也要成为很好的朋友的感觉。

第六个臭毛病——没人情味。

什么是没人情味？比如说话太冷、太直接、太严肃、太官方、太端着，这些都是没人情味的表现。

还有，老拿公司怎么说，公司规定要求说事。如果公司都定好一切了，还要销售干什么呢？我们要拿出自己的人情味，不要给客户"生意人"的感觉。

如果让客户觉得我们划分得特别清楚，客户就不愿意跟我们接近，内心跟我们的距离就疏远了。

在这种情况下，客户能相信我们，能跟我们做当场成交的决定吗？想来，是不可能的。

总结

销售人员的六个臭毛病，分别是话多、夸大、前后不一、不重细节、急功近利和没人情味。

中招一个，我们就得改。如果不改，就会损失更多本可以成交的订单。

做销售一定要慎说六种话，不然快成交的订单也会跑单

做销售千万不要说以下六种话，否则，本可成交的订单也有可能跑单。

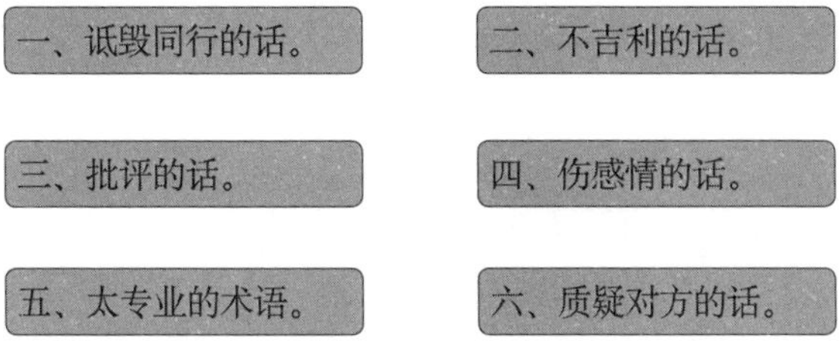

- 一、诋毁同行的话。
- 二、不吉利的话。
- 三、批评的话。
- 四、伤感情的话。
- 五、太专业的术语。
- 六、质疑对方的话。

图1-7 做销售千万不要说的六种话

第一种话——诋毁同行的话。

销售也是做人，我们千万不要让眼前的客户觉得我们做人

有问题。

一旦我们诋毁同行,就会让客户觉得我们心胸狭隘,并且品质值得怀疑。那么,我们把产品说得再好,他都有可能会怀疑,他会怀疑:未来的售后服务真有说的那么好吗?产品的使用寿命真的有那么久吗?因为,做人,已经让人质疑了。

所以,即使要拿同行产品跟我们的产品对比,也要把同行的标签撕掉,不要去恶意攻击。

当然,我们可能会遇到客户直接提到同行,提到同行产品还挺便宜的或者有哪方面的优势,我们可以说他们确实还不错,要用赞美而不是贬低的话。但是,我们要提出对方还不错的那个点,要么是提在顾客不见得在意的地方,要么就提得很模糊,要么提在顾客不见得真正实用的地方。而接下来再提自己的优势,却刚刚是客户所需要的,客户用得着的、能落地的。

这样的话,既没有贬低同行,同时还赞美了同行,最重要的是,又把客户的注意力引导到我们的优势焦点上来,这样何乐而不为呢?

第二种话——不吉利的话。

有些保险员在跟客户沟通的过程中,说人身意外险的时候,动不动就说人死了怎么办,坠机怎么办,等等。说那么多不吉利的话往往会加大客户的痛苦,客户会很讨厌跟他在一起,因为跟他在一起的话,就会感受到痛苦。

所以,我们可以把那些词换一种说法,比如,出门再不回来了，未来没有生活劳动能力了，给家里造成了多大的负担，等等。我们要将之变成一种客户比较能接受的中性词，而不是一下子就是一个负能量的词。

第三种话——批评的话。

我们有自己的观点，客户也有自己的观点、认知和立场。我们不能因为自己已经从业很久了，就直接打击对方。比如客户有些地方可能提得相对比较浅薄，我们直接就说"这就是认识太肤浅"，这样的话，就显得自己有点太高调。跟人打交道还是要先做到低调让人喜欢，别人才听得进去建议，否则的话，再专业也没什么用。

第四种话——伤感情的话。

如果我们去拜访客户，上楼梯的时候说，你们楼梯太脏了；如果我们看别人穿的衣服，和他说这衣服穿得太不合身了。对方肯定都会不舒服，心情也不好，这样的话，即使他们原本想要和我们做交易，这时也会放弃了。

第五种话——太专业的术语。

有时，一些人为了显得自己像个专家，为了显得自己非常职业化，跟客户讲的全都是客户听不懂的术语，这时，你可能就会把客户搞蒙了。但是客户心里肯定不踏实，他们会想"我这还没搞明白就让我消费"。并且，客户还有可能因为这些专业术语听得太多，会觉得我们根本没有同理心，根本不接地气，甚至觉得太装了。

第六种话——质疑对方的话。

质疑对方的话会让人很难受。比如"你懂吗""你知道吗""你了解吗""这么简单的问题你懂了吗""明白了吗""你明白我的意思了吗"，等等。

这种很冲撞对方的话是非常不合适的，我们可以换成"我讲明白了吗""我讲透彻了吗"，等等。

当然，如果客户提出问题，我们也不要直接去质疑，"不可能""不存在的问题""不存在的事"这类话尽量少说，因为，这相当于直接打对方脸了。我们要把这种话换成另外一种口吻，比如"我能理解你的问题""如果我是你的话，我也会这么认为"，等等。这样说往往会让客户更容易接受我们。

总结

我们要永远记住，做销售千万不要说六种话，即诋毁同行的话、不吉利的话、批评的话、伤感情的话、太专业的术语和质疑对方的话。

之所以不能说这六种话或者少说、慎说这六种话，就是因为这些话会让客户不爽。只要客户不爽，客户心情就不好，客户感觉不好，我们的产品再好，我们再专业也没用，客户的心门还是不给我们打开。

顾客遇到销售就火大，如何让他卸掉防备

销售产品时，经常会遇到这样的客户，他一上来就说"我不需要"。面对这样的客户时，应该如何去做才能够让对方继续，并且最终达成交易呢？下面介绍四条建议。

第一条建议，用同理心表达理解对方的怒气，从而换得对方的好感。

顾客一上来就说不需要，我们可以这样回应："看得出来，有很多销售员向你推销过产品吧？是的，谁遇到这种情况都会很烦，换作是我，也跟你一样，甚至我的脾气会比你更大一些。"

这样一说，就证明我们跟其他的销售员不一样，也容易让顾客改观对我们的初次印象。顾客接受了，相互之间就会有新的话题。

这时，顾客有可能就说了："没错，你看现在有多少骚扰电话，有些销售员则是一上门就开始进行推销。"

这时可以跟他讲遇到过的场景："是啊，你看有些销售员一上来就给你发单子，你不要，他还硬塞到你的手里，或者硬塞到你的车筐里。我遇到这种销售员时，真的是唯恐避之而不及。"

这样，越聊就越聊得来，感情就近了，就能交朋友了。最后，再过渡到自己的产品方案，这不就是顺其自然的事吗？

第二条建议，通过尊重认同的方式，让对方有决策的自由度，从而降低对方的决策压力。

顾客说不需要，不买，可以立刻这样回应："没错，您当然有权利决定自己到底买与不买，这是您的自由。我们每一个客户，了解过我们的产品，最后即使不做决定，我们也是非常鼓励的。从我们这儿走的客户，没有一个骂骂咧咧的，反而最后都是开开心心地走，为什么？因为我们并不在意你这次一定要做什么样的决定，我们在意的是我们每一个客户，因为我们而变得专业了，因为我们而做的决定都是英明的决定，以后他会感谢我的，会成为我们的回头客的。"

这样说完了之后，顾客一定会觉得我们是站在一个非常中立的、利他的角度去给他分析。顾客有了这种感觉后，我们就可以再进一步带动他去了解我们的产品或服务。

可以接着说："既然今天您都已经来了，其实买不买都不重要，重要的是，您能够让自己以后做决策变得更专业。所以，我觉得你不妨先了解一下这类产品，看看它们到底都有什么样的特点和功能，看看这类产品背后的机理都是什么。你多了解了，就能够方便以后权衡不同产品的利弊，从而更加专业地做决策。"

这样说完之后，顾客自然会愿意。为什么呢？因为我们说得有道理，因为顾客觉得自己是应该变得专业一点、内行一点。

这样一来，顾客是不是就更愿意跟着去了解产品了？只要我们创造了让顾客了解你的产品功能、价值以及对他利益的机会，就有可能成交。

第三条建议，传递自信的状态，让对方没有理由抗拒。

我们要拿出绝对的自信，以及强大内心的坚定性，向顾客传递一种"我这么多年了，还从来没有遇到过一个客户真正能跟我说不"的自信状态。

传递了这种自信的状态，会让顾客觉得他根本没有理由来抗拒，或者他没有能量来拒绝。

因为，影响他人的因素中，50%以上的因素都源于一个人的自信坚定的状态。所以，想让顾客更坚信我们能帮到他，就要拿出这种值得坚信的状态去影响他。

举个例子。比如一个健康行业从业者，遇到客户说不，可以立刻回复："你当然可以对其他从业者说不，但今天不一样，你不能对我说不。因为，我身为一个在这个健康行业泡了10年、坚守10年的老兵，凭我过去10多年的经验，我发现没有一个客户会真正对我说不，他们只会对自己在健康方面的无知和忽视说不。换作是你，你会对自己每况愈下的身体坐视不管吗？你会因为你朋友一点点的障碍而让他对健康说不吗？"

以上可以作为一个标准话术，建议大家把它抄下来，好好背一背，记牢靠。当我们能够拿出这种自信的状态去影响、感染顾客的时候，没有谁能够拒绝我们的要求。

第四条建议，曲径通幽法。

除了自信的状态，我们还要学会曲径通幽法。通俗点说就是，硬着来不行时，我们就绕一下。

先同流，再交流，再交心，最后再交易。只有跟顾客打成一片，让顾客感觉很亲近、很熟悉，顾客才能够将自己的心门开放。心门开放了之后，彼此之间自然会形成一种绝对信赖的关系。这时，还有什么交易不能实现吗？

所以，在这里提醒大家，我们要先学会跟顾客交朋友，销售的事，不要太着急，慢慢来，缓着来，绕着来，都没有问题。

我经常跟学员强调，你们在跟客户打交道的时候一定要想办法，让客户变成你人生中的三种角色之一。哪三种角色？

第一种角色，是下单付费的客户。

第二种角色，是那些没有付费但最终成为朋友的客户，也就是说，他们虽然没有付费，但也要让他变成朋友，甚至成为义务宣传员，帮着我们去裂变并宣传。

第三种角色，是代理角色，也就是让他变成代理，甚至变成经营者。

我们见到任何一个人，见到任何一个客户，都要想办法把他们变成我们人生中三种角色之一。

关于曲径通幽法，最后说两点。

一、不要认为今天眼下不能成交，以后也不会成交。永远要记住，客户就算不能成交，也要让我们成长，客户对我们而言是有多重身份和价值的，值得我们去从各个维度进行开发。

二、如果今天没能成交，我们要反思自己哪些地方没有做充分，没有做到位。反思了，就可以优化改进，未来你遇到同类客户时，就不会再出现同样的问题。这其实就是"客户就算不能成交，也要让我们成长"的意思，这才是一个顶尖销售要做到的事情。

总结

当客户一上来就说不需要，怎么做才能最后实现交易呢？本文提出了四个建议。

一、要想办法先用同理心表达，理解对方的怒气，换得对方的好感。

二、善于通过尊重、认同的方式，让顾客有决策的自由度，从而降低顾客决策的压力。

三、拿出绝对自信、内心强大的一面，传递那种坚定性，让顾客受我们的情绪状态的影响，从而更容易坚信。

四、曲径通幽法,我们要先同流,再交流,再交心,最后再交易,学会让客户变成人生的三种角色,从多维度去开发他的价值。

即使眼下不成交,最终也会成交;即使最终不成交,也要让我们成长。

如何利用"肢体语言"来影响客户以促进成交

为了更好地说服和影响他人,我们该如何用好眼神、微笑、手势、坐姿等肢体语言呢?下面从眼神、坐姿与手势三方面给大家提一些建议。

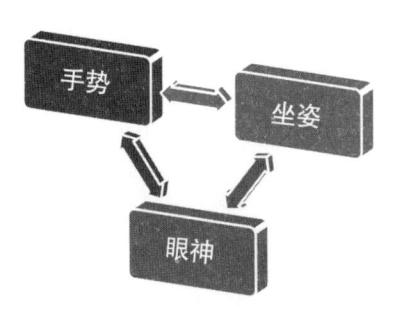

图1-8 三方面"肢体语言"促进成交

第一方面，眼神。

在跟别人打交道的过程中，一定要注重眼神的交流。眼神交流不是说我们一直要盯着对方的眼睛，而是要让眼神放在对方的社交区。

人的社交区分为三个：一个是正三角威严社交区，一个是倒三角正常社交区，还有一个是长三角亲密社交区。

正三角是从额头、额尖的地方到两眉之间，是威严社交区。我们在谈判的时候，为了制造自己的威严感，可以把眼神放到对方的额头，这样的话，就会让对方觉得我们比较强势。

但如果我们是为了建立信赖感，想让对方对我们有好感，让他们觉得我们挺有亲和力，那么，我们就要把眼神放在对方的倒三角，也就是从两眉到嘴之间，这是建立信赖感的正常社交区。

还有一个长三角是两眉到胸之间，这是亲密社交区，除了情侣之间、家人之间，其他场合都不太适合。如果一个男士见一个女顾客，在长三角上下打量，人家有可能会把他当成色狼。

一、正三角威严社交区。

二、倒三角正常社交区。

三、长三角亲密社交区。

图 1-9　人的正、倒、长三个社交区

眼神社交区很重要，另外，眼神交流我们还要控制时间比例。

英国语言学家莫里斯经过大量数据调研发现，在与人沟通的过程中，眼神交流最好控制在 30% 到 60%，60% 之上代表你对对方本人比对方话题还要感兴趣，低于 30% 代表你对对方本人及对方话题都不感兴趣。我们要控制在适当的比例之内，力求恰当。

还有数据显示，男男之间眼神交流过于密切会产生愤怒，男女之间眼神交流过于密切会产生暧昧，所以才有了男女之间放电之说。

除了眼神在社交区和使用比例的应用之外，我们还要掌握眼神的破冰动作，那就是挑眉。人们眉毛高挑时往往代表着无害、温顺、亲和，很多女孩子特别喜欢把自己的眉毛画得相对比较高挑，原因就在这里。我们跟别人破冰也可以用这样一个动作，让别人觉得我们是无害的、友好的、亲和的。

最后，当我们在成交时、谈判时，眼神注视着对方，微笑注视，这其实是形成强大的气场，让对方更顺从的一个动作。

比如说，在可以成交阶段，我们把方案一推，直接一指，微笑注视着对方，对方在这样一种气场之下，很容易低头签字，服从了。

一、将眼神放在对方的社交区。

二、控制眼神的时间比例。

三、眼神破冰动作：挑眉。

四、注视、微笑注视。

图 1-10　肢体语言中眼神的四个关注点

第二方面，坐姿。

先说一下坐姿。我们为了更好地影响、说服对方，要讲究两个人坐的位置。

第一，要习惯坐在客户的安全区。所谓安全区，就是他相对比较强势，有安全感、熟悉感的地方。比如与客户相对而坐，我们是坐在他的右手前方好，还是左手前方好呢？这得看他右手强势还是左手强势。如果他是左撇子，建议坐在他的左手前方；如果他右手强势，就坐在他的右手前方。这样的话，他更有安全感，也更为熟悉。

第二，要注意封闭客户的视线。我们从坐的位置上封闭客户的视线，让他把所有的注意力都投到我们身上，只有这样，我们所说的话、我们的肢体语言才能更容易影响到他。比如与客户在一个房间里，一个是背对门的，一个是面对门的，那我们该坐在面对门还是背对门的位置呢？我当然要坐在面对门，让他是背对门，就像面试官坐在面对门，应聘者坐在背对门一样，因为只有这样，面试官才能够更好地主导、影响到应聘者。

第三方面，手势。

我们的手势也要有所注意，有两种典型的手势：一种是祈祷手，另一种是塔状手。

祈祷手是一个收缩型动作，往往暗示着我们内心的紧张，因为一个人在紧张的时候会更容易收缩。比如面试的时候如果紧张，出现祈祷手动作，就会让面试官看透我们的内心。

我们需要一个相对比较开放的、自信的手势动作，这就是自信尖塔式手势，也就是塔状手。

无论是站着，还是坐着，塔状手都会让别人觉得我们很自信，完全在运筹帷幄之中，完全是胸有成竹的感觉。

有些时候，比如谈判时，我们用塔状手的手势支着自己的下巴，或者支着自己的额头做思考状，就会给别人一种相对比较强势的、权威的感觉。

总结

本章跟大家谈到我们的眼神、手势、坐姿等需要注意的地方，希望能够让你做销售谈判工作时更顺利地影响他人，说服他人。

2

如何说顾客才会听，如何做顾客才会买

如何获取顾客信任，让顾客主动成交

与客户交流，有时我们说得口干舌燥，但客户就是不信任你，怎么办？到底该怎么说、怎么做才能让客户信服，并且愿意主动开心地成交呢？下面介绍三招。

第一招，反利益说服法。

所谓反利益说服法，就是站在自己利益的对立面给对方提建议的一种方法。

站在自己利益的对立面来说话，这样往往会让对方觉得这人太实在了，太利他了，太为人着想了，自然也就值得信赖了。

比如，当客户遇到选择恐惧症，正对这款产品纠结的时候，作为商家的销售人员，可以这样直接跟他说："站在赚钱的角度，我当然希望你选择这款产品。但说实在话，凭良心讲，这款产品真的并不适合你。虽说它有很多的功能，但你根本用不上。所以，我还是建议你选择那一款，那款产品对你来说，是既经济又实用。"

听到这样的话，客户很可能立刻就从心里把这位销售人员的形象描绘得又红又专，也就开始特别愿意相信他。接下来他提出任何相应的建议（比如推荐他买一款鞋子，推荐他买一条领带，等等），客户都更愿意相信推荐。这是因为，通过反利益说服法，先建立了信赖，所以接下来再有推荐，客户都更愿意接受。

又如，有些高档餐厅的服务员是经过专业训练的，他建议顾客点菜的时候，会故意地往外看一看，凑到顾客耳旁说："现在经理不在，我私下告诉你，这个菜不是最好的选择，口感并不那么好，也不值这个价格。我推荐你翻到这页，选择这款，保证你吃着爽，并且经济实惠。"

这样推荐之后，大家基本上都会觉得这个服务员太为人着想了。接下来，这个服务员再推荐酒水的时候，大家是不是更愿意相信他呢？其实，他推荐的那些红酒，轻轻松松地就把所有在菜钱上没赚到的给赚了回来。

反利益说服法，就是先让顾客建立信赖，再慢慢从顾客身上赚推荐的钱。

第二招，塑造并善借专业和权威。

跟顾客打交道时，如果我们没有给他们留下一个专业权威的印象,就很难拥有信服力。实在没有专业权威的印象怎么办呢?我们可以塑造一个专业的人,或者塑造一个权威的人物出来,然后借助这个专业的人、权威的人物跟顾客接近,让专业帮我们说服,让权威帮我们成交。

因为,人人都更愿意听专家的话,都更愿意听有权威的人的话,这是人服从权威的天性所决定的。我们要做的,就是提前把这种专家和权威人物塑造出来。

第三招,善用不完美和私密性。

与客户交流,不要把所有的事情都表现得超级完美、天衣无缝。越是这样,顾客反而越害怕。当顾客看不到任何缺点,看不到任何风险时,心里就会犯嘀咕:不对呀,这不符合正常逻辑。

所以,我们在给顾客推荐产品的时候,不妨在塑造价值、塑造利益的同时,主动暴露一点自己弱势的地方。

当然,我们暴露的弱势,不能是致命性的弱势。比如说:暴露出自己人品有问题,那就自找麻烦了;暴露自己的产品质量不过关,那也是"不作不死"。

我们可以暴露的,是一些顾客不见得在意的地方。

比如说,商场里那些卖鞋的,他们会专门弄出一个专柜,标着特价鞋一折起。一有顾客上来,就先对顾客说:"不好意思,我们这儿都是断码鞋,今天可以打四折、五折、六折……"

其实，这些鞋不见得是断码鞋，但他越说断码，顾客越觉得捡便宜的机会到了。这就是暴露弱势，善用不完美。

有时候我们跟顾客打交道，不要表现得太过聪明，也不要表现得特别健谈，嘴巴笨一点，看着傻一点，甚至表现得憨厚一点、老实一点，反而让顾客更愿意相信你。这同样是善用不完美。

除了暴露弱势，善用不完美，我们还要善用私密性，要想办法制造一种给顾客独特好处，私下里帮顾客忙的感觉。

比如说，给顾客私下的实惠，注意，一定不要公开化，一旦公开化，这招就不灵了。因为一旦公开，比如，在人多的情况下，甚至在公司正式场合下表示单独给他优惠，那就证明整个公司都能优惠。

要想给顾客优惠，就直接拉他到一边去，和他说："别说话，别说话，那边还有其他的顾客。我私下里，我这个月的奖金不要了，直接补贴给你，你放心吧。"其实同样是优惠，但顾客觉得捡到便宜了，越制造私密性，顾客就越想拥有。

有些商场里卖衣服的销售人员，就会运用这种方式。他们直接拉着顾客到旁边说："那边有摄像头，我们别在那边说，我直接在这儿给你减个折扣，这在商场是不允许的，但本月我也是为了冲业绩，你千万别告诉其他人。"

越这样说，顾客就越觉得真实（因为人都有自私的一面），售货员想冲个业绩，却同时能给自己实实在在的实惠，这何乐而不为呢？说不定，顾客还得感谢这位售货员。

总结

当顾客不信任你,或者想让顾客快速相信你,从而愿意主动开心成交的话,一定要掌握三招:

第一招,反利益说服法,站在自己立场的对立面给顾客提建议,让顾客觉得太实在了,太为他着想了。

第二招,善借专业和权威,塑造一个能帮我们成交的专业或权威人物。

第三招,善用不完美和私密性,让顾客找到那种窃喜的感觉。让顾客觉得我们还是有些弱点的,不过这些弱点刚好是一种可爱,顾客并不在意;顾客真正在意的,我们全都是优点。

如何引导顾客跟着你的思路走，最终实现交易

我们怎样做才能够引导顾客一直跟着我们的思路走，最终实现交易呢？下面介绍四条建议。

第一条建议，明确沟通计划。

见顾客之前，我们需要提前规划一下。我们要跟顾客讨论什么问题，要实现什么样的结果，要怎样拆分顾客的动作，让他一步一步走向最后的确认；我们要谈话的顺序是什么，怎么样展开话题等，这些都要在脑子里过一遍。越有准备，越有规划，这样与顾客交谈就不是漫无目的，就不是随着他们的思路走，或者是长篇大论到最后都不知道自己要什么了。

所以，我们通过规划，以及提前有效准备，就可以带着顾客一直跟着我们的节奏和思路走。

第二条建议，明确利益价值。

顾客对其他内容不敏感，对自己在意的利益和价值却会很敏感。只要我们不断地用新的利益和价值勾着他，他就会一直跟着我们的思路走。

比如做装修或者做设计这方面的，可以这样和顾客说："先生，我们有一个方案，保证我们给你设计之后一定会让你大开眼界，并且让你的房子将来会成为你与所有邻居之中最漂亮的房子，邻居们来你家做客一定会眼前一亮，一定会惊叹，你想了解吗？"

这就是用明确利益价值，让顾客拥有一座最漂亮的房子，让顾客在将来某一天可以享受到别人羡慕的眼光，这就是在明确顾客在意的利益。

又如卖保险，我们要先给客户明确价值或利益，勾着客户的兴趣，客户才有可能听我们讲这个保险到底是怎么回事。我们开场可以这么说："你想不用自己的钱，用保险的钱来支付儿子几年后上大学的费用吗？"

这说的就是利益和价值，顾客如果感兴趣，就可以跟他描述是怎么样一个储蓄型保险。等到几年之后，儿子上大学的时候，这保险所生的红利，就可以支付他的学费和生活费了。

第三条建议，巧妙嵌入暗示。

在跟客户聊天的过程中，尤其是在不经意间，在对方放松的时候，在对方兴奋的时候，我们要想办法植入对方潜意识中一些关键元素,尤其是我们的优势、特点或者价值,让客户感觉到我们与众不同,让顾客觉得我们很超值、很厉害这样一种潜意识。

那么,怎么做呢?

比如,在与客户闲聊的过程中,客户很兴奋地聊到了"世界杯",聊到了梅西,他是梅西的超级球迷,这时,在他兴奋的时候,我们可以这样说:"我有个服务十年的老客户也是梅西的球迷。"这就是不经意间把我们"服务了十年"这个概念植入客户的潜意识中。

当然,有些时候,客户可能会提到一些相应的问题,我们可以跟着提到,曾经我们有很多这样的客户,也曾经顾虑过这方面,尤其是某一类型的典型客户。

我们专门提到这样一种现象,就可以讲这种典型现象的客户,比如后来又怎样转变了,后来又怎样认可了,甚至后来怎么感激我们平台,等等。把这个故事讲透了之后,其实也就植入了他的内心印象:"你们其实是值得信赖的,今天怀疑很正常,但是通过案例,以及求证,没必要再怀疑了。"

第四条建议,引导积极回应。

我们要想办法通过提问的方式,让客户回应的答案都是偏积极的方向,尤其是封闭式引导提问,让客户一直回答是是是,对对对,好的好的好的。这样的话,就比较容易沟通,最后通过这样一种封闭式提问进入成交环节。

我们可以用框式引导法去引导客户回应，比如要卖一套设备给客户，我们可以先观察一下客户公司再问客户，公司成立很久了吧？一般情况下，客户都会配合正面回应。在客户回应之后，我们继续用框式引导的方法去提问：

"成立这么久了，咱们的设备也都时间不短了吧？"

"是的，设备也有些年头了，从公司成立，到现在也已经用了很多年了。"

"成立这么多年，也就是使用了这么多年，我们的设备是不是现在也或多或少经常会有一些问题，让咱们工作起来苦不堪言吧？"

这就是询问客户，朝着一个从大框架到小框架，不断地让客户回答，从而有利于我们推进自己的解决方案。

"是啊，难免会影响一些工作效率，经常会出现一些小毛病。"

"既然经常会出现这样那样的一些小问题，那我先帮你检查一下你的系统，实在不行我帮你做一下升级。"

这样的话，我们就介入跟客户做相应的检测，甚至做相应的产品推荐了。

做销售不会逼单怎么办？五招逼单术让客户无法拒绝

　　做销售不会逼单怎么办？送你五招，教大家轻松做到让客户自动找你成交。不过，在说这五招之前，我们要了解一下什么叫真正的逼单。

　　真正的逼单，不是逼客户做决定，而是我们要善于创造一种气场，创造一种势，让客户在这种气场、这种势之下不好拒绝，主动成交。

　　知道了真正的逼单，接下来我就具体说说这五招逼单术。

图 2-1 高境界的五招逼单术

第一招，反制式逼单。

反制式逼单，就是客户提出问题时，我们要反制他，给他提出相应的问题，来增加他的压力，从而得到对方的承诺。只要客户在这种反制式问题之下给了我们一个小承诺，我们就可以顺着这种承诺的方向，慢慢地过渡到最终的成交。

比如，客户问："这个产品能便宜点吗？"

我们直接回问他："便宜你买吗？"

这时，客户往往想不到别的答案，可能会直接说："便宜我就买。"

既然客户给我们这样一个承诺，我们就可以顺着这样的承诺跟对方说："从原则上来说，我们的产品真的是不能讲价的，因为所有的客户都是一样的价格。不过，我看你今天确实喜欢，也在这儿待了这么长时间了，咱们也聊了这么长时间，这样，我给你申请一下，看看能不能在我们领导那里给你申请一个内部价。不过，我想提前确认一下，你确定你真的喜欢、真的想要吗？"

这是再次要对方承诺了，这就是反制式要承诺，客户肯定会说："我确实喜欢呀，肯定想要啊，不想要我能让你去问吗？"

这样，我们就又得到了一次承诺，我们可以继续说："如果我给你申请下来内部价，你可不能不要，别把我撂到旱地上，最后你要是不要了，就让我里外不是人，你不会最后让我不好办吧？"

这样再反问一下客户，客户肯定会表示不会，这样，基本上就离成交不远了。

我们出去抽一根烟，或者玩把游戏，或者听五分钟歌曲，然后回来直接告诉他："恭喜你，我给你申请下来了。"

不管是便宜多少，客户都会很开心，成交会更顺畅、更自然。

第二招，活动式逼单。

活动式逼单，就是我们通过限时、限额、限先后、限特权的限制型的、呈现稀缺性的活动政策逼单。其目的是让客户心里痒痒的，如果他再不做决定，可能就要马上恢复原价了；如果再不做决定，名额就越来越少了，就有可能抢不到了；如果再不做决定，就有可能被别人拿走了本属于自己的名额了；如果再不做决定，这个特权就过期作废了；等等。

这就是活动式逼单，我们用活动的方式，让客户自动顺利地成交。

第三招，主导意见法。

主导意见法，就是遇到那些犹豫不决的、没有主见的顾客时，不妨在与他建立信赖感关系之后，去主导他的意见，甚至替他做决定，替他做分析，以便成交。

比如说遇到特别磨叽的顾客，想不明白的地方一直很多，顾虑的因素也很多，这时，我们不妨直接就刺激他，反正跟他都已经有了信赖感关系了，只差最后推他一步了，我们可以直接和他说："张总啊，平常觉得你雷厉风行的，今天我真的觉得你太磨叽了。你还是没有意识到做这个决策最关键的问题是什么，你关键是要防范未来整个行业洗牌的时候你的出局风险呀。现在你的很多竞争对手都已经开始用上这样的设备了，来应对这种新时代相应的挑战。你再这样下去，别说你的顾客被他们抢走了，连你的厂子都有可能被你的竞争对手抢走，到时候就直接有可能被他们挤对出局呀。相较于这种风险，其他的顾虑我认为都不是最重要的，您说对吗，张总？"

从大问题的分析角度，帮对方做一个大的决定，这就叫主导意见逼单。

第四招，对手刺激法。

对手刺激法，就是我们要给顾客一种"如果你不需要我帮助，我就只能去帮助你的竞争对手"的感觉。如果我们帮助客户的竞争对手，就会使他们的竞争对手变得更加强大。强大之后呢？有可能会蚕食他们的资源，他们的客户，他们的渠道，他们的合作商，等等。

这时，我们可以举出更多这样的例子，让客户意识到，他的竞争对手曾经做了哪些决定，之后已经产生了什么样的效果。他的竞争对手已经开始去争夺那些没做出改变的同行的相应资源、客户、资金、渠道，等等。我们举出一些事实，比如说拿其他城市的现象给他举事实，或者拿其他行业的现象给他举事实。总之，让他意识到，先做出改变的，往往都在吃那些后做出改变的资源，后做出改变的往往都容易被那些先做出改变的"割韭菜"。

第五招，假设成交法。

假设成交逼单法，就是我们不要老跟客户动不动就提合同，动不动就提协议，因为"合同、协议"这些字眼往往会让人很敏感、很害怕、很严肃。我们不妨跟客户聊，设想一下，你用上我们的东西了之后怎么样，也就是假设成交了怎么样。

比如，我们的售后怎么样，到第二阶段、第三阶段的时候我们还会怎么样，等等，我们想办法与客户畅想未来，畅想改变之后的、拥有之后的、产生效果之后的一些相应的景象。客户和我们聊得很开心了之后，都已经无所不谈了，这时，直接拿着合同推到他的面前，和他说："那现在咱们完善一下手续吧，这里你需要完善一下信息。"

也就是说，我们就权当他已经要成交了，直接让他完善信息就好，不要再问能不能签单、能不能签合同、你还有什么问题之类的话。别磨叽，磨叽就代表不会做销售，可能本身可以成交的，都被磨叽走了。

总结

五招逼单术分别为：第一招，反制式逼单；第二招，活动式逼单；第三招，主导意见法；第四招，对手刺激法；第五招，假设成交法。

这五招逼单术，可以让你每一次面对客户的时候，都能够自信、自如、自然、顺畅地实现成交目的。

死记硬背 1000 句话，不如讲 1 个动人故事

想要更好地打动客户，把销售做好的话，销售人员一定要会讲三种人的故事。在说会讲哪三种人的故事之前，我先说一个观念，销售人员必须先有一个观念，那就是，销售本身并不是"王婆卖瓜，自卖自夸"的事，而是要善于举例说明，要善于举证靠谱的人、靠谱的事，把事实见证做足了，客户自然信你。

有了这个观念，我们再来看看讲哪三种人的故事，如何讲这三种人的故事。

客户认识的人 ＋ 客户敬佩的人 ＋ 与客户相似的人

图 2-2　销售人员一定要会讲三种人的故事

第一种人的故事：客户认识的人的故事。

客户认识的人，无论是他熟悉的街坊邻居，还是他之前听说过的人，或者是他非常熟悉的能找到的人，我们都可以拿这些人的故事来与客户做见证。

因为，这些人会让客户觉得有据可查，他可以追溯到具体的人，有任何不明白的地方，他甚至可以去确认。当然，他不见得会去确认，但是，他看到这些人，心里就会踏实很多。

所以，我们要多找一些这样的见证，客户熟悉的、听说过的、能找到的人的故事，多讲这些人的故事，客户往往更容易相信。

第二种人的故事：客户敬佩的人的故事。

越是让客户敬佩的人，越容易让他信服，也越容易打动他。

比如说当地的某某社会名流、某某知名企业家、某某权威、某某职业人士、专业人士、某某医生、某某公益组织的负责人，或者某某机构、机关的相关领导等，这些人的故事，这些人出席某场活动发的言，都可以是我们的信任背书。

有了这些人的故事和信任背书，客户往往就更容易相信我们，会觉得我们更靠谱。

第三种人的故事：与客户相似的人的故事。

与客户相似的人的故事，我们一定要会讲，尤其是那些原来还不如他，后来用上我们的服务和方案转变特别大的人。这些曾经跟他很相似的人，这些现在取得了相应成就的人，甚至是让客户羡慕忌妒恨的人，这些人的故事是最容易打动他的。

有些直销、微商、保险界，经常会举一些不太起眼的角色，详细讲述他们加入了这份事业之后的改变，这类人的改变史往往是很激励人心的。这样，就可以让所有人都能从他的改变史上，看到自己的可能性。人人都会想，连他都能改变，那我今天加入这份事业，也一定可以有更大的改变。

所以，如果销售人员足够聪明的话，想说服客户相信他的产品有奇效，能够帮助到客户，那么，他就要多举跟客户相似的，或者还不如客户的人的改变史，去影响客户的决策。

比如，我们讲一个情况比客户还糟糕的人的故事，这么说："这个人呢，他曾经也遇到和你同样的问题，也走过很多的弯路，相信过很多其他的偏方，到最后，浪费了很多的金钱、很多的时间不说，他自己的身体还每况愈下。后来，他第一次接触到我们这个产品的时候也是将信将疑。当时我们的销售员给他立字为证，立下一个承诺，他才愿意尝试一个疗程。单独一个疗程，效果并不是特别显著，他又要放弃了，我们的销售员极力地跟进，又让他坚持了一个疗程。结果呢，坚持一个新的疗程之后，彻底改变了他的精神面貌以及身体指征。后来，他自己又主动用了第三个疗程之后，基本上把他的问题给根治了。所以，后来这个人成为我们产品非常给力的代言人，到哪里都传播我们的产品到底是怎么一种奇效，他身边很多人也因为他的传播，而产生了一些奇迹式的改观。"

当我们将这些人的案例、故事讲得非常具体、有情有景的时候，就会让客户体会到自己也不想再走弯路，从而去想，不妨一试。

总结

如果我们想更好地打动客户，让客户更容易相信我们，从而快速提升销售业绩的话，一定要善于讲三种人的故事。

第一种人，客户认识的人，或听说过的人，或能找到追溯到源头的人。

第二种人，客户敬佩的人，无论是权威，还是职业人士，还是某某机构的负责人，还是相应的知名企业家，等等。

第三种人，客户跟他相似的人，尤其是原来状况还不比他好，用上我们方案之后改观非常大的人。这种类型的故事讲好了，往往对客户的触动是最大的。

善于在成交环节问话，销售立马翻倍

我在做销售培训时经常强调，一个善于在成交环节问话的人，都是非常爱占便宜的人。

为什么这么说呢？因为在这种关键环节，你问错一句话，有可能本该成交的订单都会跑单；你问对一句话，不仅能实现当下的成交，还能够同时实现其他的成交，甚至多倍的成交。

所以，我们人人都要成为一个善于在成交环节问话的人。

不利于成交的问题，都是不好的问题。

有些人不会问话，经常会平白无故损失很多的订单。比如，在快要成交的时候有些人问顾客："您还有什么问题吗？您还有什么顾虑吗？您还有什么担忧吗？您还需要跟谁商量吗？您考虑好了吗？"

这些都是不利于成交的问题，都是不好的问题。因为，如果顾客真的提出他的顾虑、他的隐忧，如果顾客真的提出他还需要去跟谁商量商量，他还需要再考虑考虑，怎么办？我们很可能搞不定，当下解决不了，这样就跑单了。

所以，千万不要问一些不利于成交的问题，一定要多问有利于成交的问题。

"您今天买不买？""你想好了吗？"这些问题叫好问题吗？

当然也不叫好问题，为什么？因为，这些问题顾客回答只有两种选择：要么买，要么不买；要么想好了，要么没想好。总有一个是不利于我们利益的选项。而一旦他选择了不买，一旦他选择了没想好，那我们岂不是白忙活了？

那么，什么是好问题呢？

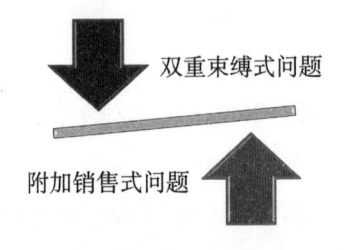

图 2-3 利于成交的两种好问题

第一种好问题，双重束缚式问题。

真正会做销售的，永远是给顾客提双向选择，并且任何一项选择都是有利于成交的选择。这种给顾客双向选择的问题，叫作双重束缚式问题。

什么是双重束缚式问句呢？举个例子。

早上卖煎饼果子，有顾客过来了，如果直接问他加不加鸡蛋，顾客说不加，那么，我们少赚个鸡蛋钱。如果我们会双重束缚式问题，就会这么问："您加一个还是加两个鸡蛋呢？"这样，顾客不管回答加一个还是加两个，都是有利于我们的选择，因为，至少可以赚一个鸡蛋钱。

再举一些双重束缚式问题的例子。

"你喜欢蓝色的，还是喜欢红色的？"

"您是买一双呢，还是买两双？"

"您是买一个，还是买一套呢？"

"您是只给自己买，还是给家人、给团队一块儿捎回去一些呢？"

这些提问都叫双重束缚式问题，所谓双重束缚式问题，就是顾客回答的任何一个选择，都是有利于我们的选择，都是可以让我们多赚的选择。

第二种好问题，附加销售式问题。

附加销售式问题，是指顾客已经确定要我们的产品之后，我们要想办法在他要付费的那个关键环节，顺带着再提一下其他选择的问题。

附加销售式问题，很容易让顾客习惯性地参考一下，参考很有可能他就会购买。因为，人是有消费习惯的，在他开始掏钱包那一刻，在他开始刷卡那一刻，再给他推荐一些小部件或者配套的东西，他往往更容易接受。

我们去炸鸡店点餐的时候，他们柜台的服务员，都是经过专业训练的，他们往往会有如下的话术：

"需要再来一杯豆浆吗？"

"您看，您需要这个新品吗？这是我们推出的新品。"

"您看您还需要点别的吗？"

这些都是一种附加销售式问题，经过专业训练的服务员，往往会给你几项选择，A、B、C，您还需要别的吗？这种方式，就有可能顺带带动你再买个蛋挞，再买个他的新品，甚至再买个他的全家桶。

又如，服装店经过专业训练的导购员，也很会问这样的问题。

比如我们已经试了一条裙子，这条裙子显得非常好看，我们也比较满意。这时，他就会顺势地再给我们进行推荐。

"哎哟，你看这个外套搭上来，是不是显得更加有气质了？"

"你再看看，这双鞋子配上你，是不是发现色调特别统一呀？"

我们在那个时候已经决定要买下这条裙子，他再给配双鞋，配个包包，配个帽子，配个披肩，或者配个外套，我们会更容易消费这些边缘配套产品。

卖家居也有同样的故事。比如说我们买了电视，或买了沙发，受过训练的推销员会说：

"你看，这沙发配上这电视柜，是不是显得有整体空间感，整体的色调是不是就显得更衬托出来那种意境了？"

这样，他顺带地在我们买完沙发后，再卖给我们一套电视柜，或者，我们买完电视柜，再卖给我们一套沙发。

总之，这些受过训练的销售人员，他会想办法利用我们的配套心理，利用我们追求完整感的心理，给我们进行一些边缘式的推荐。因为，我们在做出 A 决定时，往往更习惯再做一个 B 决定。

总结

我们想一次性卖得更多，甚至一下子多倍地提高自己的销售额，我们需要经常提两种好问题。

第一种是双重束缚式问题，给顾客两类选择，确保任何一类选择都是有利于我们的选择。

第二种是附加销售式问题，当对方已经有意向买下某项产品的时候，我们要针对这项产品的相应的配套，本着对方追求完整感的心理，再想办法给他推荐一些边缘式的、配套式的其他选择。

成交最关键时刻怎样说,才能让客户不后悔还高兴

在成交时到底说好哪些话,才不容易让顾客反悔呢?下面送你三条建议。

一、请教顾客反转向你购买的理由。

二、向受惠者赞美买单者。

三、赞美专业的把关者。

图2-4 成交时说哪些话的三条建议

第一条建议,请教顾客反转向你购买的理由。

世界上最会卖汽车的推销员乔·吉拉德,他也是世界吉尼斯纪录保持者,据说每次成交的时候他都会反问顾客一句话:

"恭喜你做了这样一个明智的决定,我想向您请教一下,因为我也是一名推销员,我想向您请教,您在向我购买之前一定也参考过别的方案,我特别想了解您后来为什么又反转向我购买了,您能不能给我说一下您最重要的原因是什么?您看中的是我们哪些优点?"

这样问完了之后,顾客都会想办法拣那些好听的说,从而证明他的英明,证明他的明智,证明他的睿智。在这个时候,他不可能说出那些特别低端的话。他说完了这些话,就相当于自我催眠了,他自己说服自己了,将来他再反悔的时候,不能拿自己的话来反悔。

这就是请教对方反转向你购买的理由,让他自我说服,自我催眠。

第二条建议,向受惠者赞美买单者。

有些时候顾客不止一个人过来购买,他可能拉了另外一个人,甚至是另外一个人直接买单、直接决策的。这时,我们可以直接赞美那个买单的人,让他听见,买单的人也会觉得钱花得爽了,花得对了,花得值了,于是,这买单的人会给我们更多的正面反馈。

我们可以当着顾客的面直接赞美买单者,比如这么说:"你男朋友对你太好了,你男朋友太有眼光了,你男朋友太爱你了,我太羡慕你了,你真是太幸福了。"如此等等。我们说这些话,想想也就知道顾客的男朋友花钱也花得倍儿爽,顾客也觉得心里倍儿爽。

又如，爸爸给孩子买东西，我们这么说："你爸爸对你太好了，你爸爸太爱你了，有这样的爸爸真幸福。"这样一说，爸爸买东西觉得特别有面子。

第三条建议，赞美专业的把关者。

有些顾客自己没有主见，或者是比较犹豫不决、没有经验，他会专门去请一个有相关经验的人过来给他把关，这请来的人看似很专业，我们可以想办法捧这个人。

"一听你说话就发现真懂行，真是专家，我做销售两年了，我都不太懂这方面，你能提出这种概念，确实是太有眼光了，一眼就能看出来主要的优势、主要的问题在哪里。"

这么一说，这么先捧他，甚至我们可以想办法表达这种"我以后买东西，要有你一个这样的人专门给我把关，我得天天请他吃饭"的意思。

这样把他捧起来了，他心里爽了，就自然更愿意替顾客决策。并且，他也会感激我们，感激我们有识人之明，感激我们鉴识出他是一个专业的、有实战经验的人。这样，顾客也更愿意相信他的话。

有些时候，我们可以提一些我们独特的优势、用的特殊材料，以及先进的工艺，这些他懂吗？其实也不见得懂，但他一般都会点头。为什么呢？因为他得证明自己专业。

这就是想办法通过捧的方式，让那个专业的人觉得自己做这个决定非常英明、非常正确。这样的话,他将来也不太容易反悔。

总结

希望以上三条建议,能够让大家每次在成交时都会说这样的话,让当下的这个受惠人或者是替他买单的人,或者是他自行买单的,或者是把关的人,都能够因为我们这些话而不容易后期再反悔,因为那些话都是他们愿意听的,或者是让他们自己说出来的。

顾客不相信你跟他说的话，如何打消他的疑虑

顾客嫌我们"王婆卖瓜，自卖自夸"，该如何回应才能够让他重新接受我们的产品呢？下面介绍四条建议。

在说这四条建议之前，我们先看一下针对这件事的错误的应对方式。

> 一、你要这样说，我也没办法。
>
> 二、给你解释了，你也不信。

图 2-5　顾客嫌我们自卖自夸的两种错误应对方式

一、你要这样说，我也没办法。

有些没有经过专业训练的销售人员，遇到这种情况往往会表现得很不耐烦，没有足够的耐心进一步解释就直接回应对方：

"你要这样说，我也没办法。"

这种回应看似是一种无奈，其实是一种强势的表示，会让刚才提问的客户在你面前显得很没有面子，因为这种回应传递的感觉就是"反正你不讲道理，我也懒得跟你进一步解释"。这样说话，能让客户好受吗？事实上，客户提问也不见得是不讲道理的。

二、给你解释了，你也不信。

其实客户提出我们夸大，有可能是想要我们进一步解释，而我们一上来就给他定性（"给你解释了，你也不信"），就算他是一个容易相信人的人，他也有可能就要证明给我们看，他就是不信。

这样，到最后仍然是实现不了成交，甚至有可能客户在外边还会传播我们的负面口碑。

下面开始介绍顾客质疑我们夸大的四条应对建议。

一、认同引导。

二、引导试用。

三、事实见证。

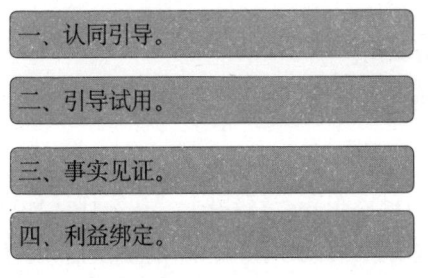

四、利益绑定。

图2-6　顾客质疑我们夸大的四条应对建议

一、认同引导。

我们先认同客户的想法,理解他的立场,先接受客户,再想办法把他引导到能够证明我们货真价实的地方。

比如这样说:"你这样说,我也能理解,毕竟我们行业里也出现过这种情况,有很多的商家为了让自己的产品显得很牛,总是吹得天花乱坠,事实上,我们也非常痛恨这种行为。"

我们先摆明了这种现象以及理解的心,顾客就觉得跟我们的心理距离拉近了,接下来引导他到证明我们货真价实的地方。接下来可以这么说:"我们店在这里不是经营一年半载了,我们在这里都已经扎根了五年多,如果没有对质量和售后服务的绝对把握,我们也断然不可能给你许诺这么多,那不就相当于搬石头砸自己的脚吗?我们绝对不可能拿自己的牌子去开玩笑。"

这样说完了之后,会让客户觉得有道理,他就更容易相信我们。

二、引导试用。

我们想办法先让客户尝试,这样客户才会有绝对的调研和话语权。

比如我们可以跟客户这样聊:"其实你这样说,我也能理解,毕竟有些商家刚开始说得很好,但到最后其实没那么好。但我们不一样,我们是五年的老店,并且现在又拓展了五六家连锁店,如果我们的质量不行、服务不硬,我们能拓展得这么快吗?质量、服务跟不上,就没人愿意买单,那我们怎么可能会拓展那么多店呢？谁说自己好不重要，市场说好才最重要。我们过去五年的裂变发展，客户总数不断地在攀升，这是市场说好的结果，也代表我们对自己非常有信心。所以，外边到底怎么说不重要，重要的是您得先尝试，因为您只有调研了、尝试了，才有绝对的话语权。"

我们这样跟客户说了之后，客户也会觉得很有道理，这样就能让客户介入"先用起来再说"这个层面。这时，我们可以给客户一点承诺："你用完了觉得不好，没关系，第一时间找到我，我想办法解决到你满意。"

这样，客户至少也愿意放心地去尝试一下。

三、事实见证。

客户不信我们，觉得我们满嘴跑火车，"王婆卖瓜，自卖自夸"，这时，我们就不要再直接自己说自己好了，而是想办法拿出更多证明我好的事实见证就OK。

比如，拿出过去很多老客户给我们写的感谢信、给我们送的锦旗，或者拿出老客户与我们聊天记录中表示感谢的反馈、曾经录制的一些视频等，来证明我们的产品确实给老客户们带来了改变和收获。

除了老客户，我们还可以拿出官方媒体对我们的正面报道，某些官方部门与我们联合搞的一些活动记录，某些权威人物、社会名流给我们做过的相应代言或推荐等，这些都是以事实见证的方法打消客户的疑虑。

四、利益绑定。

我们可以这么跟客户说:"你有这些顾虑,我完全能理解,不过在这一点上,你尽管放心,因为我本身就是卖瓜的,并且在店里已经卖了五年多。如果瓜真的不甜,你可以找过来,'跑了和尚跑不了庙',我店在这里啊,何必给自己找那么多麻烦呢?你说对不对?不如这样吧,你只要愿意按照我提的要求,回去试用这款产品,每天给我发一个相应的试用视频,这样的话,我给你一个'15天看不到效果就可退货'的承诺。"

这样就是利益绑定了,对客户有要求,对自己也有反制性的要求,这样,客户就更容易相信我们。如果在执行的过程中,出于客户原因没有执行到位,客户也会不好意思再给我们提出退货要求。

3

厉害了！秘不外传的黄金成交法则

销售产品时,一个方法让客户"赖上你"成交("小狗成交法")

销售产品时,怎样让不想掏钱的客户买单?乍一看,这似乎有点不可能。今天,我就送你一个方法,让不可能成为可能。

这个方法,称作"小狗成交法"。

一、什么是"小狗成交法"?

我们先假定一种场景。

小明陪爸爸去逛街,来到市场上碰到一个卖狗的老头。这老头正逗狗玩呢,小明很喜欢狗,就过去看看。不一会儿工夫,小明就跟狗打成一片了。小明特别喜欢这只狗,想把它买下来,但爸爸不想让他买狗,怎么办?

在这种场景下,卖狗的老头怎样才能说服小明的爸爸进行成交呢？

老头这样说："先生你看，孩子就是孩子，只是一时兴起，图个新鲜。没关系，今天孩子喜欢就先让他把狗抱回去，你不用付钱，交个押金就行。等半个月之后，他新鲜劲儿过了，不喜欢了，我再直接把狗抱走。到时押金全额退还给你，这小狗全当给孩子白玩几天。哄孩子开心嘛，有什么比孩子开心更重要呢？你说是吗？"

你看，人家都不要钱了，只要小小的押金意思一下，就可以先把狗带走，人家卖狗的老头话都说到这份儿上了，这位老爸怎么能拒绝呢？又该怎么拒绝呢？

如果这时小明趁机抱着爸爸大腿："爸爸，老爷爷都说了不要钱了，你帮我把狗留下来吧。"爸爸怎么办？只能答应了。

爸爸答应了之后，等过了半个月，老头当当当敲门，进门之后，老头看见狗就把狗抱住，对小明说："我来返还你们的押金，这小狗是我的，我得抱走了。"

这时，小明能依吗？

肯定不能啊。过去的半个月，小明天天跟这小狗在一起，又喂食，又给它洗澡澡，又给它穿衣服，又抱着它睡觉，还给它起了个小名叫小白，都很有感情了，他能就这么和小白分别吗？绝对不可能！

所以，这个时候，小明一定是拉着老爷爷的手，叫他不要走，然后哭喊着把爸爸叫过来："爸爸，帮我留下小白吧，我这个月不要零花钱了。"

在这种情况下，伴随着小孩不依不饶和撕心裂肺的哭声，爸爸能不付款吗？

这，就叫"小狗成交法"。

二、"小狗成交法"应用之一：产品试用。

"小狗成交法"有一个典型应用，就是想办法让顾客介入我们的产品试用过程。也就是说，产品先给顾客试用。

试用后，等顾客开始依赖它了，甚至顾客都已经对它上瘾了，离不开它了，这时，顾客能不痛快地付款吗？

比如有些日化品，专门给顾客准备一系列的试用装。等顾客试用起来，慢慢习惯了使用这些产品，同时也挑不出什么样的毛病。这样，等一周之后，销售人员上门采访顾客的时候，让顾客再预订其他的产品，是不是更容易一些呢？

三、"小狗成交法"应用之二：产品体验。

"小狗成交法"另一个典型应用是，让顾客进入我们的产品消费过程。即先让顾客介入我们的消费过程，让顾客得到一个充实的体验，对产品产生一定的依赖性。这样，就不怕顾客最后不交钱。

现在很多学习型软件就是采取的这个思路。

比如，我女儿，不到两岁的时候，我经常拿着手机，通过一些相应的学习软件让她去学英语。这些学习软件刚开始特别实惠，一般赠送你两个月甚至更长时间的试学期，同时还给你一大摞的教材。

孩子呢，在通过手机里的这个软件学习的时候，获得了一个非常好的互动性以及体验感，于是孩子慢慢就喜欢上了，甚至吃饭的时候都说，妈妈我要学英语，于是，就慢慢离不开它了。

等到过了试学期，商家就开始收费，并且一收费少说几千元钱，后续还有很多的训练营的科目，这些我们可能不愿意，但小孩依赖上了，离不开它了，我们就只能交钱。

四、"小狗成交法"的终极应用：产品依赖。

我们的产品先让顾客用上，在使用过程中让顾客对产品产生依赖性，这是"小狗成交法"的终极应用。

当顾客对产品产生了依赖，不怕最后不成交，甚至我们一次次问顾客收钱，顾客都很痛快。为什么？因为顾客已经依赖上了。

比如有个净水机品牌（这里就不说它到底是哪个品牌了），请过一个著名主持人给它做代言，他们的策略就是让顾客拿回家先试用，免费给顾客上门安装。顾客试用到他们规定的时间之后，如果觉得不好使，就直接给拆走，不收顾客任何钱。如果顾客觉得好使（产生依赖），就告诉顾客每月只需要付多少钱。

这就是让顾客对产品产生依赖性的"小狗成交法"，这个净水机品牌一下子在全国铺开了很大的一张网，证明了"小狗成交法"的成功。

总结

我们今天跟顾客打交道,要先让对方介入进来,让对方上瘾,产生依赖性,当对方对我们的产品已经很熟悉、很信赖了,最后再推销其他东西,让对方下单,那就没有太大的问题了。

从被动销售成为主动成交高手（ABC 法则）

做销售时，如何不用自己出手，就能让客户主动找你并成交呢？下面介绍一个权威营销法则——ABC 法则。

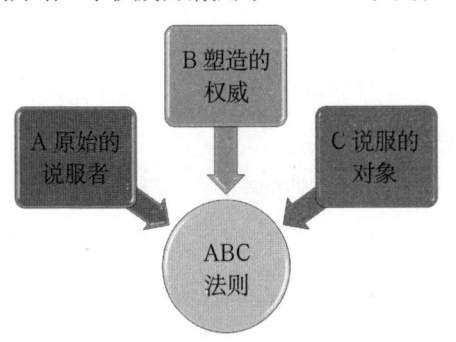

图 3-1　什么是权威营销 ABC 法则？

什么是 ABC 法则？

A，原始的说服者；B，塑造出来的一个权威形象；C，要说服的对象，往往是客户。

一般情况下，我们作为 A，在要说服 C 的时候，C 往往是理性的、防备的，并且是质疑和具有批判式思维的。我们说的任何话，都有可能根本说不到对方的心坎上，甚至有些时候会反弹回来，让对方很反感。

所以，我们跟 C 最好的相处方式，就是跟他处朋友，在他放松的情况下和他聊天。我们不要老带着推销产品的目的，要让他觉得有安全感。在他放松的情况下，我们只需要塑造出一个他很信服的 B 的权威形象来就可以了。

只要我们能够把这个形象 B 塑造出来，C 表现出对 B 很感兴趣，我们就可以制造一种偶然的机会，邀约上 C 一起去见 B。这时，因为 C 一直对 B 有崇拜感，那么，B 说的任何的话，他都更容易相信。B 帮你做相应的推荐，帮你做出相应的成交洽谈，往往会更顺利一些。

所以这就是 ABC 法则的妙用。不用我们出手，最后 C 也能主动成交。即借别人之手，主动帮我们成交。

应用 ABC 法则需要注意以下三点，同时也是 ABC 法则的三步流程：

一、一定要在放松的情况下，嵌入式表达塑造衬托出 B 角色。

二、一定要学会制造偶遇感，不要给客户一种刻意安排的感觉。

三、一定要烘托出 B 确实是权威。

图 3-2　应用 ABC 法则需要注意三点

一、一定要在放松的情况下，嵌入式表达塑造衬托出 B 角色。

也就是说，千万不要给客户感觉我们是刻意地、有意地去塑造 B，如果让客户觉得我们带有目的性地塑造了一个人，他就会很生气，甚至觉得你在借刀杀人。

所以，我们要想办法跟客户聊天，是一种放松的、生活化的、朋友似的聊天。在聊天过程中，我们可以嵌入式表达一下，比如这么说："哎呀，我有个老领导，我跟他五年了，这个老领导，说实在话，是我们这个领域的大牛，前段时间刚刚参加了一个活动，当时在我们整个行业内就创造了一个奇迹。"

这样，就在闲聊的过程中，我们自然而然地提到这个特别崇拜的角色，既可以聊与这位老领导之间的过往史，也可以顺带提到老领导曾经帮助了多少人，解决了什么样的问题。我们讲得入情入境，客户 C 呢，自然就会很感兴趣，以下的对话可能就顺理成章了。

C可能会说:"如果有机会的话,我能不能见见你这位B领导?"

"哎哟,我们B领导挺忙的。"注意,我们不能直接就说刚好他今天有空,越这样说就越让人觉得有目的性,我们需要先把B塑造起来。我们可以接着说:"B领导平常挺忙的,甚至经常出差国外,如果他下回回国的话,刚好又在本地做活动,我到时候邀请你啊。"

"啊,那到时候你一定不要忘了通知我。"想来,客户会这样回复。

二、一定要学会制造偶遇感,不要给客户一种刻意安排的感觉。

我们继续上面的场景。

过了一段时间,我们突然给客户C打电话:"告诉你一个好消息,你还记得上一回你跟我提到,想见我们B领导吗?今天有个好消息,我们B领导几月几号在什么地方刚好有个什么样的活动。我作为我们B领导的门徒,不仅手上有几张票,并且我有一个可以安排一次跟他近距离接触的机会。"

我们这样说完之后,客户会觉得,他好像走后门了似的,会比较感激我们。这叫什么呢?这是我们要学会的制造偶遇感,想办法让B和C发生偶遇。

三、一定要烘托出 B 确实是权威。

当 B 和 C 偶遇的时候，我们一定要通过语言、行为、表情甚至是周围的环境、氛围等烘托出 B 确实是权威。不要让客户觉得，我们把 B 讲得那么好，但好像见了 B 之后，大家也都不太甩这个 B 啊。于是他会怀疑这个 B 是不是权威，是不是领导。

我们要怎么说呢？我们要经常表达"我们 B 老师说了什么什么"，"我们 B 老师教导我们什么什么"，表现出我们相当崇拜 B 老师。

所以，我们一定要给客户这种感觉，觉得 B 老师能够匹配得上、满足客户的期待。不能让客户带着期待而来，最后搞砸了，让客户的心理预期降到冰点。

总结

权威营销法则——ABC 法则，是可以让我们轻松地借别人之力帮自己成交，甚至是客户主动找我们成交的一种方法。

想要用好 ABC 法则，就要按以下步骤进行：

第一，我们要善于嵌入式表达，去铺垫塑造一个 B。

第二，制造一个偶然相遇让 C 和 B 有接触的机会。

第三，在偶然相遇的过程中，我们通过行为、表情、动作、语言等衬托出 B 真的是一个权威，让 C 从内心里觉得他真的见到了我们曾经说过的那个权威角色。

最后提醒一点,大家一定记住了,我们的产品好、服务质量高、真的能帮别人解决问题、带来价值,这些才是根本。否则,就算用这 ABC 法则成交,最后也可能成为骗子。

怎么给顾客报价才更占主动性（"三步报价法"）

怎么给顾客报价才能够在销售成交过程中更占主动性，更起主导作用呢？下面教你一个"三步报价法"。在正式讲"三步报价法"之前，先送你两句话：关系不到，价格不报；时机未到，价格不报。

关系不到，价格不报，是指在与客户还没有建立信任关系的时候，还没有真正地挖掘到他们的真实需求的时候，他们提出的不见得是真问题，还没有说真心话的时候，不要轻易报价。

时机未到，价格不报，是指在了解客户真实需求，得到客户一定承诺，有了一定的互信基础，并且客户大致很难再砍价议价的情况下报价。

报价，我们可以报，但是，我们一旦报的时候，要给客户提条件。

比如，客户要我们报价，要我们报一个最低价，我们可以和他们提订单量（按量报价），可以提付款方式和付款周期，可以提售后服务等，这些都是在跟客户谈条件。只要我们跟对方谈条件，客户再跟我们砍价的时候，他就处在一个偏弱势的地步。

为什么？因为我们有一个前置性条件。订单量的问题可以这样解释："你要是订单量大一点，咱这事呢，还可以谈，还有一定的空间。但如果你订单量太小了，低于多少，咱真没的谈，为什么？因为，工厂的制版等基础启动成本都蛮大的，并且物流成本、各种人工成本都在里面的，所以不好操作。"

除了订单量的问题，我们可以和客户谈付款周期、售后服务以及售后成本分担等问题。比如这么说："有些时候一些售后不是厂家的问题，而是客户自身的问题，返回厂家安排人工维修，需要人工成本，修好后还得运回，需要运费，你别看那运费就那么一点，但累积起来可是不小的开支。"

所以，我们跟采购谈判的时候，要想办法拿一些前置性问题、前置性压力，让客户不好意思立刻表态，自然也就不好意思一直拿价格来打压我们了。

下面我们来细致介绍"三步报价法"。

一、充分了解客户的真实需求。

二、耐心解决客户的疑虑并得到客户承诺。

三、给客户提供更全面丰富的见证。

图3-3　更占主动性的"三步报价法"

第一步，充分了解客户的真实需求。

也就是说，当客户询问价格时，我们可以这么回复："我们需要清楚你们到底有哪些需求，因为不同的需求推荐不一样的产品，不一样的产品就有不一样的报价，也有不一样的空间，等等。"

了解客户真实需求后再提供产品和报价，这是第一步。

第二步，耐心解决客户的疑虑并得到客户承诺。

我们千万不要在问题还没有彻底解决前就开始报价，这样的话很吃亏，为什么呢？因为，客户往往会蹦出其他一系列的问题来压低你的价格，那个时候我们就很被动了。

所以，我们一定要解决客户觉得值的问题，觉得质量够过关的问题，觉得使用功能能落地的问题等，我们要想办法确定这些问题都一一帮客户解决了，并且，最好能得到客户给我们的一个承诺。比如说，今天是不是没有别的问题了，是不是也觉得这东西确实超值，确实有必要去解决，确实不得不去用这种方案，是不是也觉得用我们的方案确实能够获得想要的好处和利益，等等。

跟客户确认这些问题，得到肯定的答复，就是承诺。承诺之后，就剩最后谈价格了。

我们提前跟客户确认这么多，最后客户就很难反悔。因为我们已经再次说明了这超值的方案，并且客户也认识到使用我们的方案，确实能解决他的问题。这样，客户还好意思继续和我们砍价吗？他不好意思，因为他已经意识到超值了，意识到使用的必要性和相关的使用价值及能落地的可行性，所以，他很难反悔。

第三步，给客户提供更全面丰富的见证。

给客户全面丰富的见证，什么见证呢？比如比他体量还大的这种采购方，或者某些权威机构、权威人士，等等。我们讲一些这样的事实，这样合作成功的事实，就是给客户见证。

为什么要讲这些事实呢？因为，讲完这些事实，客户再砍价的话，我们就可以说："过去我们和与你一样体量甚至体量比你大的客户，和权威的人物合作的时候，都没有降价。如果我们真要对你降价了，那岂不是对他们最大的不尊重，传出去我们在江湖上还怎么立起自己的地位？"

这样说了之后，客户自然也不好意思继续杀价。

总结

想不让人在价格上步步紧逼，就要把"三步报价法"不断地放大使用。

读懂客户的五种"成交信号",恰到好处地收单

做销售必须清楚,当客户出现以下五种情况时,基本就代表可以收单了。我们需要了解这五种"成交信号"。

一、客户开始表达兴趣和善意。

二、客户开始关心交期和售后。

三、客户开始讨价还价。

四、客户开始表现放松或咨询别人意见。

五、客户给暗示可以谈细节。

图 3-4　代表可以收单的五种"成交信号"

一、客户开始表达兴趣和善意。

比如客户问产品可不可以被用来做什么，他开始对产品的功能感兴趣；又如客户问我们喝点什么，邀请我们中午一起吃饭再谈谈；等等。这些，都是客户开始向我们表达善意。

另外，客户说："你真是一个不错的销售员，你的口才真是了得，你对你们的产品很熟悉呀。"这些，也是客户表达善意的一种行为方式。

还有一种情况，客户开始拿着我们的产品左看右看，对我们的产品说明书进行研究。这些，都表明他开始对我们的产品感兴趣，也是在表达善意。

二、客户开始关心交期和售后。

客户直接问我们这个订单多久能做出来，问我们售货条件是什么，走什么物流，多久能到等，这些，其实是客户开始关心交期和售后了。这基本上表明他已经接受我们的产品，只是需要再谈一些细节就 OK 了。

在客户问我们交期的时候，最好不要直接回应他"我们一周之内就能做出来"或者"我们多长时间就能做出来"之类的话，不要这么简单地回应他。我们要想办法给他回应：合作之后第一步是什么，第二步是什么，第三步是什么。给客户一种很严谨、很流程化的感觉，这样的话，才会让客户觉得我们真的是一个比较靠谱的合作方。

三、客户开始讨价还价。

客户直接问能再便宜点吗，最低底价是多少，能开发票吗，能再赠送个什么吗，等等。这都是在跟我们讨价还价。这都可以证明，他已经接受我们的产品，讨价还价只是想更便宜地购买，这种情况，基本上已经可以收单，进入谈判成交的阶段了。

客户问能再便宜吗，遇到这种情况，原则性问题我们一定要把握住。我们可以这样回应客户："定价，我们公司是有统一规定的，合同也是统一的制式合同，我可以额外在其他方面给你帮忙，或者再给你附赠一些其他的增值服务，但是这个价位是不能便宜的。"

这样回应客户，让他能够通过我们附赠的其他东西，找到一种心理安慰。

当然，我们也可以要求客户拿出更大的诚意来，比如说："您准备订多少呢？您能订得更多一些吗？您今天能确定吗？"这些都是问客户要条件的一种口吻。如果客户不能够给我们一个更好的条件，我们也没必要答应对方的条件。

四、客户开始表现放松或咨询别人意见。

客户开始表现放松或咨询别人意见，也是他们缴械投降的一种信号表示。

比如说，客户表现得突然放松下来，或者是突然叹口气，这往往代表着客户不想跟我们死撑着了，不想一直用这种戒备状态跟我们在那儿死扛着，因为发现死扛着没有用，也降不下来多少，但是内心也清楚自己需要我们的产品。

再有，客户有可能会咨询别人的意见，问别人觉得怎么样，这也证明他自己觉得没有太大问题，想让别人再给自己把把关。

五、客户给暗示可以谈细节。

客户突然打电话过来，问我们什么时候方便，见面再聊一下细节。这就基本上暗示着客户已经接受了我们的服务和方案，只差最后临门一脚的敲定了。这个时候值得欢呼雀跃，因为这意味着，我们可以收单了。

总结

以上是代表可以收单的五种"成交信号"，希望这五种信号我们不要错过。

有些销售缺乏洞察力，看到了这些信号也不以为然，还在那儿侃侃而谈。我们记住，在快要成交的阶段，越健谈越不见得是好事儿，见到客户已经出现了这种购买信号，要立刻闭嘴，想办法过渡到成交环节，跟他直接谈判，实现成交。

客户比你还懂销售套路,如何应对才能拿下订单

遇到比你还懂销售套路的客户,如何搞定他呢?送你四条建议。

一、少用套路,多用真诚。

二、将计就计,结果第一。

三、利他角度,调整话术。

四、真诚赞美,情感营销。

图 3-5 应对更懂销售套路高手的四条建议

第一条建议，少用套路，多用真诚。

所谓"见人说人话，见鬼说鬼话，不人不鬼说胡话，见了神仙不说话"，说的就是面对高手的时候，我们应该尽量少用套路。因为，任何套路的使用，都有可能让对方一览无余，让对方反感。

所以，针对这种情况，我们不妨用真诚的态度去回应他。比如可以这样和他说："先生，一听您这么说呀，就发现您对我们行业非常了解，既然这样，您一定知道我们的成本、我们的市场价到底是怎么出来的。我作为一个销售员，实事求是地跟你讲，最低能够按多少价格给你，您出去就千万别跟别人说，因为这样的话会影响我在行业里的形象。"

这就是一种真诚的态度。当然，我们还可以反问他的诉求："一听您这么说，看来您就是行家高手啊，我也不瞒您说，特别想结交您这样的前辈，您今天愿意支持我的话，就请您提提您的诉求，但凡能帮您解决的，我一定想办法帮您解决。但是如果真不能帮您解决，我也希望您别太刁难我。"

我们表达真诚的态度后，客户自然不能把我们怎么样，因为他已经有一种胜利的感觉了，这比我们用销售套路对他更容易来好感。

比如，我们用三限原则——限时、限额、限特权，和他说我们有什么门槛，什么时间结束，是限制名额等，会让他觉得"这都是面子工程"。又如我们和他谈判的时候说要请示一下领导，有可能会让他立刻反击你："哟，销售谈判策略学得不错呀，这不就是请示第三方吗？你能请示，我也能请示。"这样就立刻尴尬了。

所以，针对高手，我们就别跟他玩套路，最佳的方式就是真诚，就是不怕被揭穿。

第二条建议，将计就计，结果第一。

有些时候，我们被客户反套路，只要最后的结果不吃亏，让他反反也无妨。

客户有些时候用反套路的方式，是为了找到那种窃喜的感觉。只要我们能够将计就计，让他一直顺着他认为的那个方向走，只要我们最后有的赚，那就可以了。

有些客户就是喜欢用这种方式去折腾销售员，销售员和他提什么，他都说我回去再考虑考虑，或者我要咨询咨询谁的意见。这个时候，我们就故意表现得着急："这样吧，今天我不赚钱了，赔本给你吧。算了，我直接跟你降到多少，出去千万别说，说出去我经理都会罚我。"这样，客户可能在这一刻就会找到那种窃喜感："我一说回家跟谁商量商量，他就一下给我便宜这么多。"这样的话，他就会有一种赢的感觉。

这就是我们销售谈判追求的最高境界，面子上让客户赢，里子上我们双赢。

第三条建议，从利他角度，调整话术。

我们说出的一切话，都要给客户一种为他着想的感觉，只有这样，他才难以抗拒我们的推荐。

我们可以用反利益说服法，比如可以这样跟客户说："不瞒你说，你买这款东西我还能赚更多，但是我都不建议你买这一款，为什么？因为这款产品吧，很多功能你根本用不着，你犯不着花这么多钱，花那么多钱也是浪费。所以我建议你买那一款，那一款又经济又实用。"

我们这样和客户说，就是站在他的角度为他着想。当然，我们也可以用 FAB[①]、ATC[②]、PEP[③] 等相应的说服话术。

比如 FAB 说的就是，我们的产品是什么样的特质特性，什么样的材料，它具备什么样的优势，对您而言，它能满足您什么样的利益。整个儿都是按一套逻辑下来，非常严谨。当客户挑不出任何的毛病时，他就难以抗拒这样的推荐。

第四条建议，真诚赞美，学会情感营销。

我们可以真诚地赞美客户有而我们没有，或者是其他客户没有并且我们很羡慕的点，让客户找到心里的富足感。他的情绪和感觉往上走了之后，判断力和理性决策也就在往下走了，他对我们的套路也就不太容易反感了。因为，他对我们的接受度更大了。

[①] FAB 法则，见第 205 页相应的图片和内文。
[②] ATC 法则：A，Accept，代表接受；T，Transform，代表转换；C，Convince，代表说服。
[③] PEP 法则：P，Point，代表观点；E，Example，代表例子；P，Point，代表总结。

事实上也是，我们都已经让他的情绪变得非常愉快了，他都已经可以跟我们开玩笑了，怎么好意思去拒绝我们的推荐呢？

所以，我们经常讲"动之以情，晓之以理"。为什么"情"字永远要在前边？因为人人都是感情动物，我们要擅长情感营销。

总结

以上四条建议，无论哪条，都是对更懂销售套路的高手适用的回应方式。

当然，我们也要记住，客户是来买产品的，他不是故意过来跟我们相互套路的，只要我们足够专业、足够真诚、足够为客户着想、足够想帮客户解决问题创造价值，就一定会被客户接受。

不知道怎么回复顾客的问题？一个方法助你对答如流

有人说，客户提问之后不知道怎么回复，就是因为准备不到位。那么，到底怎样才算准备到位，能够顺利地实现交易呢？我送大家四个有效准备的关键点，以及三个有效准备的对策。

在了解这些之前，我们需要你了解目前市场环境的变化。现在的市场环境是什么呢？开放、透明、公开。也就是说，老百姓在买任何东西之前，他都可以通过网站、贴吧、百度知道、知乎问答等去了解很多相关产品以及行业的信息。

我们的客户都提前做过功课，我们销售人员怎么能够不提前做功课呢？我们真的有勇气和自信来迎接客户蜂拥而至的一切问题吗？所以，我们在面对客户之前，必须提前做好四样准备，也就是四个有效准备的关键点。

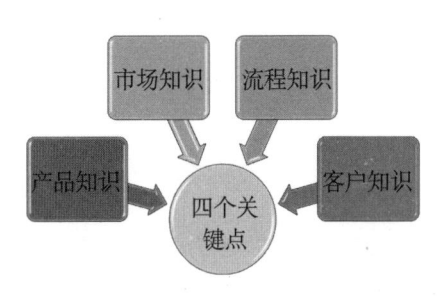

图 3-6 有效准备的四个关键点

一、产品知识。

简单地说,产品知识就是我们对产品的属性、特点、优势、功能,以及能够给客户解决什么样的问题,带来什么样的价值,满足什么样的利益诉求等,必须非常清楚,对答如流,任何时候我们都要对自己的产品说得头头是道。

二、市场知识。

市场知识,是指我们要对自己的行业有一个宏观的了解,比如行业的分布是什么,竞争对手有哪些,又分别有什么样的特点;与他们相比,我们有什么样的优势;等等。提前有所了解,免得客户提出竞争对手的问题,不知道该怎么回应。

三、流程知识。

我们要熟悉自己产品展示的流程,知道第一步、第二步、第三步都做什么,以及在每一步中怎样去增强客户的信任,怎样去促进成交,成交时我们又要准备什么道具,等等。

四、客户知识。

客户知识是我们进行有效准备的重点,下面我就重点讲讲客户知识,我们到底该怎样有效地准备这些客户知识。

下面介绍客户知识有效准备的三个对策。

> 一、向内求:向前辈、"大牛"等求教。

> 二、向外求:善于做客户调研。

> 三、向网求:善用网站。

图3-7 客户知识有效准备的三个对策

第一个对策,找到从业的前辈或者相应的技术"大牛"、产品研发的前辈专家,向他们求教。那些销售精英、销售经理曾经遇到过的问题,可能我们也同样会遇到,所以,不妨多向他们请教。

比如,做汽车销售的人,可以找一个修车师傅拜他为师,哪怕是业余时间给他当学徒,都非常有价值。我们拜师不是为了修车,而是向他了解经常来修理的汽车都有哪些问题,以及客户经常跟他们聊的一些比较关键的问题。这样的话,我们就可以从一个技术的维度,去化解客户未来的难题,甚至是让客户觉得我们还是蛮专业的,你提的很多东西他都不懂,这样就更容易影响他。

再有,我们可以找公司的产品研发部,找到那些"大牛",

跟他们一块儿吃饭聊天，多了解了解研发逻辑、创意结构和设计理念，这些都有利于我们去影响客户。

第二个对策，善于做客户调研。公司里一定积累了一些老客户，这些老客户有可能经常与公司的一些员工发生互动，甚至参加公司的一些聚会活动。我们可以和这些客户交朋友，去了解当初他们是怎么接触我们的产品的，在接触过程中是怎样怀疑的，当时在意哪些问题，顾虑又是怎样化解的，以及后来用上产品之后最满意的是什么，等等。

我们跟老客户做调研，或者是跟新客户、新朋友做调研的时候，就能够得到更多的话题点。这些话题点，可以让我们有信心去面对任何新提问，也无惧任何新问题。

第三个对策，善用网站。网络渠道，就像现在抖音号或头条号，都是一个资讯的窗口，我们需要多关注一些这样的网络渠道，善用网络渠道。

比如，汽车销售人员需要关注一些汽车玩家的大牛号或大V号，因为，这些大V号会输出很多老百姓喜闻乐见的话题，也会输出很多的专业知识点、前沿资讯。除了关注大V号外，汽车方面的一些杂志可以订阅一些，这方面的专栏也可以订阅一些，汽车网站也要多浏览，等等。

我们可以从这些订阅和浏览中，找到很多很专业的资讯，并且通过这样的汽车论坛，可以看到很多新人，了解到他们所关注和讨论的问题,甚至是他们特别在意、特别讨厌的问题,等等。

得到信息后,我们可以进行归纳分类,甚至成为这方面的产品专家,面对任何客户,他们还没提问时,我们就基本上已经能猜出他们心里在意的是什么。更重要的是,他们说什么我们都能对答如流,从而让客户感觉到我们超级专业。

当客户认定我们是这么专业的人,他肯定觉得我们值得信赖,肯定愿意和我们进行交易,哪怕别人愿意给他便宜一点,他也不愿意跟别人签单。为什么?因为,与别人签单,他担心以后那个不专业的人解决不了他的难题。

总结

要回复客户的所有问题,我们要做好四样知识的准备:一、产品知识;二、市场知识;三、流程知识;四、客户知识。

在客户知识方面,我们要怎样有效地去准备呢?有三个对策:

一、向内求,要善于向内找到自己的销售前辈、"大牛"、大V、产品研发大牛等,向他们求教。

二、向外求,想办法做老客户调研、新客户调研,通过跟他们打成一片,了解他们真正在意的是什么。

三、向网求,无论是通过论坛、贴吧,还是行业网站、订阅专栏、大V号等渠道,不断得到信息并学习,不仅可以让我们变得更专业一些,同时可以了解"众生相",发现更多的现象以及更多人的心理。这样的话,以后面对客户提出问题的时候,能够信手拈来。

4

客户需求：如何挖掘客户内心隐秘的角落

销售想赚大钱，先抓准客户痛点、兴奋点

  我们都希望客户如我们所愿地行动起来，但是怎么去实现呢？我们需要把握他们行动背后的原因，也就是他们的深层动机。因为，一个人无论做出什么样的决定，采取怎样的行动，都源于一定的动机。

  人往往都是趋利避害的，行动背后的深层动机或根本原因，无非两个：一个是追求快乐，另一个是逃避痛苦。

  我们要想有效地驱动一个人，就有两种方法：要么放大他的快乐，要么加深他的痛苦。快乐到让他足够想要，他自然就行动起来了；而痛苦到让他千方百计想回避，他就不得不行动。

  所以，想让我们的客户如我们所愿地行动起来，要把握两个关键点，即非常清楚地知道客户的兴奋点是什么（快乐），痛点是什么（痛苦）。

一、抓准客户的兴奋点。

客户的兴奋点,通俗点说,就是他"喜好"什么,人无非好名、好权、好利、好奇、好自由、好成长等,"名权财色一堵墙,世人就在里中央,若能跳到墙外去,不是神仙也是王",这是民间的俗语。我们找到他好什么,就能抓准客户的兴奋点。

图 4-1 兴奋点,就是顾客"喜好"什么

比如,有些人好名,他不在乎你眼前给他什么样的回报,他在乎的是未来他的声誉是不是越来越好,他的品牌是不是越来越响亮,他的社会地位、他的威望是不是越来越口碑化。跟这类人合作,我们就需要从"名"这个方向去塑造。他用上我们的产品之后,未来在"名"上能得到什么样的好处。

有人好利,与这类人合作,我们需要给他分析用上我们的产品之后,他能得到什么实惠。跟这类人不用谈情怀,不用谈多么远大的理想和愿景,就跟他谈使用我们的产品或服务之后,能得到什么直接的改变,能得到什么实惠,让他省了多少钱,让他额外还能够去多赚钱。

有部分人好奇，我们可以从满足他的某种兴趣度、好奇心的角度，去塑造我们相应的产品价值。

有人好自由，他不希望受太多的束缚，面对这类人，我们可以塑造未来因我们的产品而改变，未来可以自由奔放地活着，过自己想要的生活，想不做什么，就不用做什么。

还有好成长的，总希望自己能够越变越好，能够越来越喜欢自己。对这类人，我们卖的有可能就是一种生活方式，把我们的方案、产品对这种生活方式的追求，给他塑造出来，让他觉得，如果要过一种有品质的生活，就需要用上我们的产品或者服务。

二、抓准客户的痛点。

兴奋点是客户喜好的领域。那么，客户的痛点呢？

什么是痛点？痛点就是怕什么。怕是人痛苦的根源，我们怕什么，我们的痛就是什么。人怕什么呢？人怕疼，怕死，怕丢人，怕丢脸，怕丢钱，还有人怕穷，怕危险，怕错过，怕损失，怕束缚，怕麻烦，等等。

我们找清楚客户的"怕"，然后结合这些"怕"，多重地去塑造。让客户知道，如果他不做出选择、不做出改变的话，未来这些麻烦、这些束缚、这些疼、这些危险、这些损失，以及他所怕的东西，都将接踵而至。

如何把商家的卖点变为客户有兴趣的买点

为什么我们的话术不能打动顾客呢？有可能是因为我们一直在说卖点，而非买点。

卖点是站在我们商家的角度提炼出的独特优势，而买点是站在客户的角度提炼出的、他有感知的利益。

所以，我就以下面的例子，和大家聊一聊，我们如何把商家的卖点提炼成客户有感知的买点，甚至升级成客户不得不买、愿意自动自发去买的买点。

我们先看一个例子，比如一个卖面膜的，跟客户推销的时候这样说："我们这是蚕丝面膜，是有机桑树园的蚕丝，这种蚕丝里面富含 18 种氨基酸。"

他说了很多，但客户却听得一头雾水，不知道他在说什么，不知道他所说的跟客户到底有什么样的关系。18种氨基酸是什么？有机桑树园跟我一点关系都没有。

这位卖面膜的所说的，其实都是站在商家的角度，表达着商家的独特性（其他的面膜没有这18种氨基酸，其他的面膜不是有机桑树园提炼出来的，等等）。但是，他只是提炼了自己商家的独特优势，却并没有提炼出顾客有感知的利益。

那么，应该怎么说呢？可以在说完18种氨基酸之后，接着解释："我们有机蚕丝富含18种氨基酸，能快速提亮您的肤色。"

这样一解释，顾客立刻就有感知了，因为跟他的利益挂钩（能快速提亮他的肤色），跟他有关系了。

不过，有些顾客可能也会想："能快速提亮我的肤色，又意味着什么呢？"顾客很难主动推理，我们要善于进一步给他推理，直到让他感受到更深层次的利益，才会自动自愿地主动争取购买。

所以，这时，我们可以进一步说："能快速提亮您的肤色，这样的话，您的肤色会更白，显得更精神，也更有气质，以后出席任何的社交场合，都会更受人欢迎，更能成为焦点，更招人喜欢。"

这样说完，就是升级买点，直接把刚才提到的功效与其使用场景相结合，就是升级买点，升级到顾客能够有深度感知，让他自动自发地想要购买的买点。

卖点 → 提炼买点 → 升级买点 → 成交

图 4-2 提炼买点的四个步骤

卖面膜如此，卖其他产品也一样，我们再看一个例子。

比如卖西服，如果只会说卖点，大概会这样说："我们这款西服，是由法国顶级设计师设计的，定制特材，精选面料，百种工艺，光在这侧肩和领口位置就用了特殊工艺。"说得似乎都很高大上，但说了一大堆顾客有没有感知呢？无法确定。

顾客听完之后，可能只觉得："你这听着挺厉害，可是跟我有什么关系，对我又意味着什么呢？"

他这样想是因为，我们没有提炼出他的买点，他就不会有购买的冲动。所以，我们还是要善于从卖点过渡到买点。比如这样说："正是因为这样一种特殊工艺，所以您穿上这样的西服后，能显得身材更挺拔，精神更饱满。"

这就跟顾客挂钩了，显得他更挺拔，更饱满。挂钩之后又深度意味着什么呢？我们要想办法升级买点到顾客冲动。接下来可以这样说："以后您穿上这套西服，出席任何的商务场合，相信您这种精神饱满的一面，这种权威的气质都更容易让您赢得订单，都更有面子，更有地位感。"

这就是深度利益感知，升级买点，直接结合顾客的应用场景，无论他出席什么商业场合（可以直接谈到他的谈判场合、销售场合、发布会场合等），都更有面子，更有地位感，这样，他就会更有购买的冲动。

提炼买点是跟客户的利益挂钩，升级买点是结合客户的应用场景，塑造客户的深度利益。

我们再举一个例子，卖保温杯，如果直接说我们这是航空特材，这就说的是卖点而不是买点。怎样提炼买点呢？我们可以向客户指出，因为它是航空特材，所以就更保温，更耐摔，更经用，即使不小心摔了，都不掉颜色。这样的话，就是跟客户的利益挂钩了。

那么，塑造深度利益又怎么做呢？我们要想办法再升级买点，可以这样说："你用上这个航空特材保温杯，带这个杯子出去，摆在那儿就肯定更有面子，多高大上啊！并且，这种航空特材的水杯，你用上之后，不用担心摔坏，不用担心摔了变形，不用担心摔了漏水，并且它很经用，不用老换了。每回换水杯都得精挑细选，也挺麻烦的。"

这样的话会让客户深度感知，他就有购买的冲动，因为我们结合着场景，过去他经常要换水杯这一精挑细选苦恼的场景。

当然，有些水杯可能是其他的特殊卖点，比如我们做过一款水杯，是独立茶仓设计。这个独立茶仓设计就是卖点，如何通过卖点过渡到买点呢？我们可以说："正因为它的独立茶仓设计，所以可以实现一杯三用，既可以这边泡茶大口畅饮，又可以这边泡茶小孔抿茶，还可以茶水混合享受原茶的原汁原味。"

这样说完了之后，就会给客户一种便利的感觉。但是，我们还没有特别突出这种方便性，我们可以再突出一下，再升级一下买点："你用上这个水杯之后，无论想喝什么样的茶，无论想用什么形式喝茶，都可以随心所欲，由着你的性子来，并且还不用担心茶渣，不会有吐茶渣的尴尬。"

这就是结合客户的场景升级买点。

总结

根据卖点提炼买点，再想办法结合客户的深度利益升级买点。只有这样，客户才会认识到，选择我们产品的价值所在。

如何提高效率，拿下单价超百万元的大客户

大客户销售，想要顺利实现成交的话，一定要把握好四重角色，以及相应的心理。在介绍这四重角色和心理之前，我们不妨先了解一下大客户销售的背景。

大客户销售，又称为效能型销售，也就是说，大客户销售不是效率型销售，它面对的群体不是散落的个体而是集体，比如机关单位、大企业、大机构等等。大客户的决策人往往也不是一个人，一般有好几个关键人物，甚至是好几个关键部门，其决策周期相对较长。这可以理解，因为它的客单价往往相对比较高，不是几十元、几百元的事，而是几十万甚至是上百万元的生意。

所以，我们要把握好大客户的关键人物，以及他们的关键心理和关键动作。

大客户的关键人物可分为四类,我将其称为四重角色。

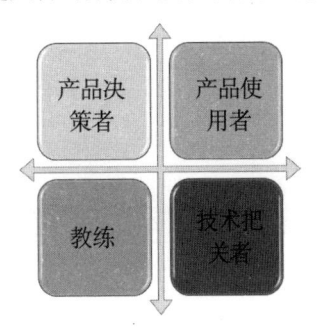

```
┌─────────┬─────────┐
│ 产品决  │ 产品使  │
│  策者   │  用者   │
├─────────┼─────────┤
│         │ 技术把  │
│  教练   │  关者   │
└─────────┴─────────┘
```

图 4-3 大客户关键人物的四重角色

第一重角色,产品决策者。

第一类关键人物是这家公司的最高决策人。对于这一重角色,我们要知道他关心的是什么。

最高决策人往往都是一片公心,关心的是他们能赢得什么,公司能得到什么。那么,他有没有私心呢?也有。一般情况下,他的私心可能是他能够在大家心里留下什么样的印象,决策了这件事之后,能不能提高他在大家心里的威望度。

综合来说,站在公司的角度,他关心公司能得到什么;站在他个人的角度,他关心的是能不能提升个人威望。

所以,跟这一重角色沟通的时候,我们要知道于私该怎么沟通,于公该怎么给出一个说法。好的销售往往都是,买点以私为先,卖点以公为先。就是买点是本着对方的个人心理,卖点是奔着对方的职位角色而去。

第二重角色，产品使用者。

第二类关键人物是产品使用者。产品决策者决定买下这套产品、这套设备之后，谁负责使用呢？负责使用的人，就是产品使用者。

对于产品使用者来说，他的买点，或者说他的私心，一定是我用起来方不方便，快不快捷，能不能让自己更省事、更省心。

他的卖点呢？当然是公心了，能不能提高整个工作效率，能不能完善整个工作流程，能不能与同行业相比较，跟不跟得上时代，等等。

这就是产品使用者的买点和卖点，知道了这些，我们就能从他的心理上知道该怎么跟他说，以及站在他的角度应该让他怎么跟公司说。

第三重角色，技术把关者。

第三类关键人物是技术把关者。技术把关者从技术部门的角度，也可能从财务的角度，或者从行业相关的规则标准的角度，判定我们的产品符不符合相应的技术标准，符不符合相应的行业标准，符不符合他们公司的预算、财务标准，等等。技术把关者在乎的就是，这些标准我们是不是符合。

那么，站在他个人的角度，他关心的就是，让他在为公司把关的这件事上能够显得合情合理，让他能够给别人吃一颗定心丸，让领导交付他这项工作的时候能够更放心。

这就是技术把关者的卖点和买点，我们知道了这个卖点和买点，就知道该怎么去说。

第四重角色，教练。

第四类关键人物是教练。教练就是牵线搭桥的人，既对目标群体的内部关系非常熟络，又愿意跟你结盟共享利益，达成最终的结果。

教练的卖点是，他不希望他周围的人脉受到伤害，他希望这次交易可以使他的人脉更加稳定、更为长久，朝着更好的方向发展。

所以，我们可以从产品的质量、超值感，甚至是彻底地帮目标群体解决问题的角度让他放心。

以上是卖点，那买点呢？当然是针对他个人的了，成事之后我们能给他什么实际的好处。我们可以约定，只要他能达到什么样的程度，就会得到什么样的奖励。

总结

针对大客户关键人物的四重角色，我们要把好关，要知道怎么说卖点，怎么说买点。卖点就是他怎么跟他所关心的人说话，买点就是他自己内心真正在意的那些话。

销售时带上这四样东西,让顾客难以拒绝

销售时,想要更顺利地跟客户进行交易,一定不要忘了带四样东西。因为,这四样东西是离成交最近的东西,是可以直接建立信赖、促进交易的东西。

那么,到底是哪四样东西呢?别急,听我一一道来。

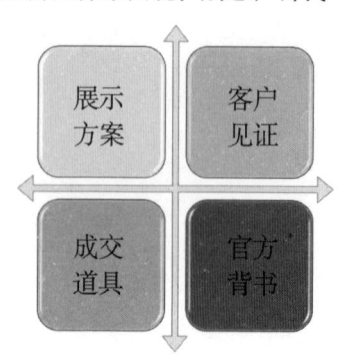

图4-4 销售时带上这四样东西

一、展示方案。

展示方案就是通过产品展示或相关的服务体验、方案展示，让客户眼见为实，让他看得见、摸得着，完全客观地发声，让他无法反驳。

这是我们不要忘了带的第一样东西。

我们不要给客户传递主观表达，不要让客户觉得我们是"王婆卖瓜，自卖自夸"，而是说："我不说到底好不好了，我直接做给你看，你自己评定到底好不好。如果你说不出哪里不好，那么，你今天就买几盒，就买几套。"

这就是展示方案，可以直接促进交易的展示方案。

一些卖日化品的，经常直接拿着自己的产品和同类的劣质产品做一种对比实验。比如说卖沐浴露，弄两个半瓶水的矿泉水瓶，把自家的产品滴上一滴，把别人家的产品滴上好几滴，然后晃动，晃完了之后呢？发现自家一滴的效果比别人家好几滴的效果还要好很多。

这也是一种展示方案，客户亲眼看到，就无法再反驳了。为什么？因为通过实验证明了我们所展示产品的性价比更高，效果更好。并且，这都不是我们自己说的，而是通过实验证明的。

二、客户见证。

无论是跟客户相似的人使用我们的产品，还是客户比较崇拜的人或相对比较权威的人使用我们的产品，这些都是好的客户见证。

我们第二个不要忘了带的东西，就是我们的客户见证。

我们的客户总量、销售总单数、好评数量等，都是我们的客户见证。我们要想办法将它们拿出来，因为，这些都是客观的东西，都可以在客观上帮我们说话。

不信？可以随便拿出一个去打电话、去核实。当客户无法用主观去反驳我们的客观的时候，他基本上就被我们降服了。

三、官方背书。

我们第三个不要忘了带的东西，是可以直接推进交易的官方背书。

也就是说，我们的产品不是我说好，而是有官方证明的，有官方文件的，有官方荣誉的。如果我们曾经拿过某项国际大赛的奖项，我们被某某机关单位评为先进单位，我们某一款产品曾经拿下什么样的专利等，这些，都叫官方背书。

越是官方的背书，客户越无法反驳，也就越容易让客户服从。因为，人往往都是服从权威的动物。

四、成交道具。

我们千万不要在客户已经能成交的时候，找不到签字笔，找不到合同，找不到收据，找不到计算器或计算方法，甚至是找不到公章。如果因此而丢单，想来可以多碰几次墙了。

我们第四个不要忘了带的东西，就是我们的成交道具。

这些成交道具，我们在见客户之前就要提前准备好，既然想更顺利地实现交易，就不要等到客户要签名的时候，我们还在那儿磨磨叽叽。

大家要知道，客户交钱的时候是他最痛苦的时候，因为他马上就要面临着自己的损失（他有一种损失感），若是我们还在那儿磨叽，这没找到，那也没找到，这既给客户传递了一种我们的不专业感，没有职业范儿，同时也在加深客户的痛苦。很有可能客户更加痛苦了之后说："还是算了吧，要不明天再说吧，我今天时间有点赶。"

如果真是这样，这一单就基本完蛋了。

我们在成交的环节一定要快刀斩乱麻，怎么做到快刀斩乱麻呢？那就是我们的成交道具、成交资料全部都要提前准备到位；否则的话，煮熟的鸭子最后也有可能会飞掉。

总结

我们日常销售时，如果想要更顺利地跟客户完成交易，就一定不要忘了带四样东西：展示方案、客户见证、官方背书和成交道具。

这四样东西离成交最近，是可以直接建立信赖、促进客户交易的关键，我们一定不要忘了。

5

逆向思维,
玩转差异化营销

如何借助逆向思维实现收益倍增

卖东西怎么通过逆向思维让自己收益倍增呢？送你三条建议。

图 5-1　通过逆向思维实现收益倍增的三条建议

第一条建议，逆向定位。

我们若从产品定位开始，在产品包装、品牌宣传上突出新、奇、特，就要打破常规，就要与众不同，打出自己的差异化竞争优势，让别人一听到我们的名字，或者听到我们的品牌宣传语的时候，就比较容易记住甚至帮我们裂变传播。

德国曾经有个酒吧，当时突出的宣传语是"玩得好喝不醉"。现在所有的酒吧餐馆都是说你随便喝，来到这儿无所谓，不醉不归，一醉方休。但德国这家酒吧就不一样，突出的是喝不醉。他们把所有酒的酒精浓度都调低了一些，不仅让顾客可以乘兴而来，还可以让顾客乘兴而归。这样的话，就迎合了一群人的心理，甚至有些特别讨厌丈夫酗酒的妻子，还会支持丈夫来到这里，甚至陪同丈夫来到这里。

这就叫新、奇、特的定位。

有些会做生意的小餐馆，为什么总是顾客盈门？因为餐馆突出的口号是豆浆免费。当然，其他东西照样收费，顾客总不能光喝豆浆吧？顾客为了免费的豆浆来到店里之后，就会消费其他的东西。

很多做女装的，特别喜欢定位小巧玲珑的或者身材特别好的靓女们，专门找那些身材特别好的模特儿，穿上他们的服装进行各种拍摄和宣传。可是，有多少人有模特这样的身材呢？宣传挺好的，但顾客穿上了之后就显得不那么好看。

不过，有人做得不好，就有人做得好。有一个服装品牌——胖太太服饰，他们专门打造胖美人，他们的口号只要传播出去，就直接抓住了那些对自己身材不是特别满意的人，抓住了她们的诉求。

这种突出新、奇、特的定位，就叫逆向定位。

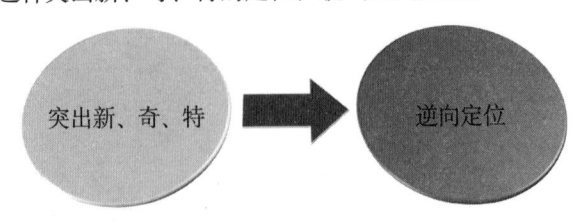

图 5-2 逆向定位

第二条建议，反差呈现。

我们觉得我们的产品跟同行的很多产品相比，质量确实远甩他们好几条街，但光我们觉得不行，还要做相应的对比实验。比如，拿一个同行的普通面膜，把他们的 logo 挡住（别恶意攻击同行），再拿上我们的面膜一起做实验，经过实验让客户看到效果和差距，这就叫反差呈现。

我们卖盆子，如果觉得质量确实非常好，正常的思维，就是不断摔却就是摔不碎。可是，如果我们直接做一个广告片，一开始就让很多的胖人站在我们的塑料盆子上，并一直累加。终于累加到称重 700 多斤了，盆子才开始稍微地往下沉一些。这给人的印象就是，他们买我们的盆子基本上永远不坏，因为，在大部分生活场景中，我们不可能给盆子加上 700 斤的重力。

再比如说，福乐鸡是美国一个非常受欢迎的餐厅，全美将近 2000 家连锁店，他们的顾客满意度非常高。大家知道它的品牌宣传靠什么吗？他们找的吉祥物是一只奶牛，两只奶牛直接扯着横幅在那儿提醒大家，要多吃点鸡哟。福乐鸡本身就是做与鸡肉类相关的食品的，那时候它最大的竞争对手就是那些与牛肉相关的食品的行业，他们用牛来说多吃鸡，这就是反转呈现。

第三条建议，自黑表达。

我们通过一种自黑的方式，让客户了解到我们的优势。

有款凉茶品牌刚推出时，有一个特别有特色的广告，四个小孩在那儿哭得都不成样子，旁边配上了相应的文字，比如"对不起，我们只会做凉茶，不会打官司"，显得特别委屈。下一张是一个小孩特别痛苦的表情，配着"对不起，是我们太笨，我们把凉茶做到了全国第 ×，可以比肩可口可乐"。

他们一直用对不起这样一种反讽的口吻，说我们无能，我们只会做凉茶，不会打官司，说我们太笨，我们把这凉茶做到第 × 等，这就是一种自黑表达。

不管怎么样，希望以上我所讲的逆向思维，能够给大家带来一些启发，能够帮助你更容易抓住客户的心，顺利成交。

如何让老客户帮忙介绍新客户，实现裂变营销

如何让你的顾客都帮你转介绍呢？送你四招，让你轻松做到裂变营销。

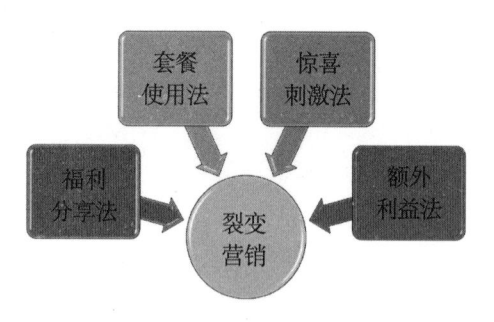

图 5-3 裂变营销的四个方法

第一招，福利分享法。

福利分享法，简单地说，就是我们赠送给客户一些福利，

争取让他自己用不完,就传播给其他人。

比如做健身房的,我们可以赠送客户同一课程的优惠券,或者是免单听课卡。客户自己不能使用或使用不完,就有可能带着朋友一块儿过来使用,反正朋友过来是免费的,他面子上也过得去。同时,他又帮我们做了宣传,我们还额外对他进行奖励,比如对他课程的延时增加,或者是赠送他一些小礼物。他一举两得,何乐而不为呢?

有一次,我在北京吃饭,有一家餐馆也很会做裂变营销。他们是做烧烤的,只要消费满200元,就可以加9.9元办张会员卡,这9.9元的会员卡里面存了100瓶啤酒。这张卡,也就是100瓶啤酒,不仅自己可以用,还可以交给其他人来用。

这样,一些本来没有消费到200元的,都会想办法消费到200元,他们借此实现了一次多卖点的目的,同时,办过9.9元会员卡的,因为里面存了100瓶啤酒,谁都不想浪费,谁都会回来再购买,相当于复购率提高了。另外,因为一个人可能消费不完,所以允许他们呼朋引伴带人过来,这就是想办法驱动客户带来自己的朋友、自己的人脉过来消费。

有些时候,消费者自己的卡用不完,就把这张卡送给别人,告知里边还存着多少瓶酒,以后吃烧烤就去那家店,挺不错的。

这样,又实现了再一次的传播,这就是非常好的裂变营销的福利分享法的应用。

曾经有一个4S店也做得非常好,当时卖汽车给一个顾客后,第二天就安排一个销售顾问去顾客办公室赠送了一大盒蛋糕,让办公室所有的同事都看到了。这位买汽车的顾客感觉非常体面，其他人看到这一幕，也比较容易记住他们这家4S店。

这温情的一幕被记住了之后，下回买车的时候就更容易去这家店。甚至可能回去跟自己的亲朋好友，跟另一半说起这件事，这就实现了裂变传播。

第二招，套餐使用法。

我们要想办法用多人套餐的方式绑定顾客，让他带更多的朋友来消费。

有些美容美发店，他们会想办法推出闺密套餐——只要交多少钱，带着闺密过来一起消费，就可以给更实惠的价格。

电信也是有电话卡的家庭套餐，绑定顾客整个家庭。还有"第一杯全价，第二杯半价"的营销策略，不是为了一次多卖，而是为了卖给更多的人。因为一个人不可能一次性喝两杯，所以消费者每次都会带一个人过来，这就叫裂变营销。

第三招，惊喜刺激法。

在客户下单了之后，我们可以反馈给客户一些意想不到的小惊喜，他打开之后有可能因为非常感动或者非常欢喜，就禁不住在自己的朋友圈发起炫耀或者发起感恩。

我们曾经参加过一个课程，在课程结束我们要走的时候，每个人都收到了一份小礼物。打开小礼物之后，发现是我们的漫画肖像。也就是说，在整个听课过程中，有人观察每个人听课的细节，刻画了每个人的漫画肖像，上面扣上了主办方的 logo。当我们拿到一张自己漫画肖像的时候，都禁不住发朋友圈炫耀，有些人甚至直接把自己的微信头像换成这样的漫画头像。要知道，漫画头像上面还带着他们的企业 logo 啊，这等于帮他们裂变传播。

淘宝的商家也经常做这样的事情，在客户下完单之后，客户本以为只是买到很实惠的东西，但最后到货的时候，发现不仅东西确实很实惠，同时还有额外的小赠品。这个小赠品有可能是客户特别喜欢的，或者特别感动的，自然，他们就禁不住要发朋友圈了。

当然送赠品也有很多的送法，有些人不会送反而会起到负面的效果，千万不要瞎送，要学习怎样送赠品送得妙，送得让别人进一步帮你裂变传播。

第四招，额外利益法。

我们可以提前跟客户明确，如果帮我们转介绍，就可以得到额外的利益或奖励。如果客户认识到我们的产品是真的好，对大家都没有坏处，只有好处，没有后顾之忧，没有风险，他为什么不帮我们转介绍呢？何况我们还和他明确，只要介绍别人过来，他就可以额外得到什么样的好处。

注意，不要让他觉得是从朋友身上赚了钱，而要让他觉得，我们只是省下广告费，而把广告费投到了他的朋友圈。

有一家眼镜店，规定客户只要介绍多少人到店，就可以让他的镜框或者镜片全额免单，或者，承诺额外赠送一次旅游。只要客户觉得这个眼镜是真的好，挺体面的，不会伤害到周围的亲朋好友，大多数情况下会在朋友圈进行宣传。

还有一些婚纱摄影店，也是类似的裂变传播的思路。他们会鼓励自己的顾客，只要你推荐三位亲朋好友到店里成为新顾客，就可以得到免费拍一周年纪念照的福利。这个传播的动力又不一样，客户不是为了赚亲朋好友的钱，而是为了拿到更好的福利，并且他觉得这里的婚纱摄影的质量非常不错，才会在自己的朋友圈进行推荐的。

总结

以上四招，无论哪招，都会让顾客心甘情愿、自动自发地去裂变传播，希望大家掌握了这些方法之后，能够让每一个老顾客都变成你的经营者，帮你裂变传播，轻松为你带来更多的新顾客。

如何做促销，让客户感觉占到了便宜

做销售的都知道，我们的客户需要的不是真正的便宜，而是感觉上让他占到了便宜。那怎么做促销才会让顾客更有占便宜的感觉，从而引导更多人愿意蜂拥而入呢？

下面，我们将分享五个促销策略。

第一个：加1元换购策略。

比如，我们今天走在大街上路过一家电器店，前边立着一张大海报，上面写着"买1288元豆浆机送价值49元大铁勺"。我们看完这条广告会有冲动进去购买吗？我认为大部分人没有这样的冲动，为什么？相较于我们1288元的投入，这49元送来的东西显得微不足道。但是再假想另外一种场景：我们路过这个电器店，前边挂了一张大海报写着"买1288元豆浆机加1元可换购49元大铁勺"。尤其是那"加1元"又突出显示。我们做过调研，这种广告更容易驱动人走进店里去询问甚至排队购买。因为它把人的注意力转移到了1元而不是1288元相较于49元的回报。这是一种占便宜的感觉，人自然会有冲动，因为人们就喜欢占便宜不喜欢买便宜。

第二个：把低价和高价产品放在一起打组合拳，联合展卖。

比如我们开一家服装店。我们今天打出"一件卫衣加裤子648元"的广告，这两个相对都是比较高价的产品组合在一起，就没有特别大的诱惑力。但是如果另外一家店，打出来的是"卫衣加裤子、加头巾、加护腕、加口罩、加毛巾等，六件套加起来699元"。这样的话就会给别人一种好多东西的感觉，很实在、很有价值的感觉。如果再简单包装一下，做一个小礼包，这样的话，会有更多人愿意买这样一种套装。其实他赚得比我们还多，并且销量会更多。这就叫低价和高价加在一起打组合拳，联合展卖。

第三个：第二杯半价策略。

相信大家都很熟悉这个策略。这个策略很多年前麦当劳就已经推出来，"第一杯全价，第二杯半价"。其实这是一个让我们拉更多人过来购买，可以卖给更多人的策略。一个人一般情况下不会喝两杯，但是有些时候人因为这个策略，甚至愿意直接买两杯，因为他的注意力已经被半价所吸引。他一直在想半价，即使多付出一些代价，他还是觉得自己占了便宜。但是如果把这个策略改成"今天店面有活动，七五折"，我们的动力就没有那么大。这就是两种促销方案的定价策略。其实定七五折，跟第二杯半价是一样的，但是它引起人的冲动效果不一样。

第四个：推出大小份，推出PLUS版。

就像手机内存它分为64GB的、128GB的、256GB的，还包含PLUS版。很多人看完了256GB的，包含PLUS版，看完了高价位之后，就觉得我应该没那个必要。所以很多人就更倾向于买那128GB的或64GB的，这两个就很畅销。其实商家专门定出来PLUS版，就是为了促进这个销量更大。因为在这样一种对比效应之下，很多人趋之若鹜就会选择它。当然也不排除推出PLUS版了之后，也有些人追求那种更高级或者更潮的感觉。

比如我们是开餐厅的，今天卖胡辣汤，胡辣汤6元钱一份，顾客觉得定价不低，并且可能还会嫌量少。但如果我们再推出一个PLUS版，大份的8元，这样的话，他不买大份，买小份的，自然就接受了这个量少。因为相较于8元的，他本身买的就是小份，就不会有那么多的抱怨。甚至有些人可能会直接升级选8元的，加2元就可以得到将近两倍的饭量，那是不是更好一些呢？所以这就是定价策略。

第五个：在定价上，我们要化整为零地定价。

我们不要总是追求整数，10元、20元、30元，哪怕就减1毛钱，或减1分钱，都会给别人一种付出更少的感觉。

比如说9.9、9.98等，超市都是这类定价，因为会给我们一种更少付出的感觉，降低了我们付出的感受。就像现在都已经普及了扫码支付，接下来人脸支付也将要普及。所以，以后我们要想办法化整为零。我们要有一些零头，把它降低到下一个水准，哪怕是开餐馆的，比如我们这儿和旁边的面馆都是20元的面，我们直接来一个鼓励扫码支付，扫码支付可以19.8元。那店里有可能会因为这样一种定价策略，就吸引旁边竞争对手的客户来到我们这儿吃饭。

如何少花钱多办事，学会送赠品的正确玩法

怎么让顾客不断地回来购买，提高复购率呢？下面介绍三个送赠品的玩法，让你少花钱多办事，甚至不花钱也能办事。

当然，我们首先得了解一下送赠品是为了什么。大家可能会说为的无非就是增进客情关系，增加复购率。可是，有些商家不会送赠品，但复购率也很高；而有些商家花了钱也不落好，甚至送赠品后在外边人家还给他传播负面口碑，不仅没有增进客情关系，还造成了负面的舆情。尤其是有些餐饮业，外卖竞争非常激烈，有些人就不会这种玩法。

在回答送赠品是为了什么之前，我先说说餐饮行业送赠品的三种错误玩法。

一、送的赠品和主品没有太强的相关性。

有一个外卖商家，订购外卖赠送客户一块香皂。虽然这香皂挺别致、挺好看的，不是一块普通的香皂，但顾客不知道呀。打开外卖盒子一看，还挺好看，以为是巧克力呢，拿起来一咬，不是巧克力，很尴尬，这就造成了很负面的一种体验。

二、送的赠品太廉价，太劣质。

客户很容易通过赠品的劣质，联想到主品是不是也是这种档次。比如有些商家在大热天的时候送的酸梅汤，本身想表现自己的温情，但是酸梅汤质量很差，喝起来也不爽，并且包装也不高端大气上档次，客户就容易通过这个酸梅汤联想到主品也就那么回事。

前段时间报道了这样的新闻，有顾客因为赠送的饮品不好，大肆曝光这个商家的店，让其以后不要送了，求他们了。出现这样的客户反馈，这完全是好心没有得到好报。

三、用恶搞的方式赠送。

有些商家弄一些相应的小赠品，他本身是想给客户带来惊喜，没想到却制造了一些惊吓。

有一个外卖商家，在外卖里边加了一个假牙，虽然这假牙是用糖做的，但我们要吃饭啊，看到一个假牙摆在眼前，肯定吃不进去的，很恶心。

所以，提醒诸位做生意的伙伴，我们要做赠品赠送，送赠品是为了什么？送赠品是为了以最少的投入，换最多的好的反馈和回报。那怎么做呢？这里给你三个送赠品的玩法。

关怀备至的体验 ⇄ 意想不到的惊喜 ⇄ 非你莫属的优待

图 5-4　三个送赠品的玩法

一、关怀备至的体验。

我们要给客户很温情的关怀，让他有关怀备至的体验。

比如，我们在每一份餐里，或者在每一个要寄的快递里，加上一个手写体的贴纸，提醒这段时间天气凉了，出门要多加衣，并给其提供一个菜谱，什么要多吃，什么要少吃，怎么样健脾胃，等等。这些手写体其实可以大量印刷，每一份餐盒里都想办法加上这个，就会让客户非常感动。这个花多少成本呢？一分钱的成本都不到，可是起到的作用不一样。因为让客户感受到了我们的用心、我们的关怀备至。

当然，如果我们的产品相对比较油腻，那可以送一个清汤；如果产品相对比较寡淡，那可以送一些相应的调味酱料……这些都是关怀备至的体现。

二、意想不到的惊喜。

我们要给客户意想不到的感觉。

前段时间，爆出某一家麻辣小龙虾餐饮店，送外卖的时候赠送的是一套仪式感的装备，什么仪式感的装备呢？就是打开餐盒之后，可以看到男女不同大小尺寸的手套，特别细致，同时还有餐前的清洁湿巾、餐后的除味湿巾，还有围裙式的垃圾袋，几乎把每一个细节都想到了。

我们肯定会通过这样一种赠送的装备，觉得吃一顿麻辣小龙虾好有仪式感，所以，被很多的网友所传爆也是自然而然的事。

我们要给客户传递这种意想不到的惊喜，赠送这种意想不到的惊喜。比如圣诞节，可以送一个苹果，再在苹果旁边加上一个祝福；中秋节，送一块月饼，再给客户全家人送一张祝福贺卡；儿童节，送一个孩子的小玩具，再加上祝孩子健康成长的一段话……这些其实都是意想不到的惊喜。

三、非你莫属的优待。

每个人其实都希望自己被重视，每个人都有自己的自重感，希望自己是重要的，希望自己能享受一定的特权，希望自己在别人眼里是一种唯一的、值得的印象。

既然人的心理是这样，我们就可以运用人的这种心理，去给他们传递这种感觉，你是我的唯一，我不是对所有人都这样，给他们一种特权感、优待感。

曾经在饭店里有一个小女孩，在点餐的时候打了个喷嚏，跟男朋友聊天的时候说，今天早上感冒更严重了。这话被订餐员听到了，订餐员跟后厨一说，后厨专门送过来一碗姜汤。这一碗姜汤其实不费多少成本，但是一下子拉近了客户的心，客户感动了，绝对要给正面传播一下。

这就是抓住客户的心，我们要真正地在意客户的需求，并且我们要善于去观察他的在意。我们如果在意他的在意，他就会在乎我们的生意。

曾经有一家寿司店，专门给自己的老顾客发去一瓶寿司酱油。这一整瓶的寿司酱油，其实也是挺特别的一份礼物。并且，他们在这瓶酱油旁边放了一张小字条，上面写着"这酱油不是每个人都可以得到哦，我们特别感谢您一直对我们店的长期关注，希望您以后继续惠顾我们的店"。

这其实就是给客户特别的感受，因为我们每一次订餐，店里可能都已经有相应的数据管理了，这样的话，既能够让我们持续去消费，又可以帮他们去裂变传播。因为，他们给人特别用心的感觉，客户觉得之前没有白白支持。虽然没想到还有这种惊喜，但是还会继续支持，相信未来还会给我们更多的惊喜。

总结

关怀备至的体验、意想不到的惊喜、非你莫属的优待，希望这三个送赠品的玩法，让我们可以摆脱送劣质产品、送恶搞产品、送不相关产品的错误赠品玩法给自己带来的负面影响，实现更多的成交。

销售在推销时总被拒绝怎么办

为什么有些销售在推销时总容易被拒绝呢？很简单，因为他没有掌握防止拒绝的技巧，下面就针对这个问题送大家三招，让大家可以更轻松地搞定顾客，拿下订单。

第一招，登门槛效应法。

登门槛效应法是什么意思呢？就是我们要想办法从小要求过渡到中要求，再过渡到大要求，不要一步登天，直接给客户提出来一个比较大的要求，这样可能会一下子把他吓跑。

就如我们喜欢一个女孩子，再喜欢也不能一上来就问她能做我女朋友吗，或者能嫁给我吗，这样会把她吓跑的。我们要想办法跟她一起上上自习、一起吃吃饭、看看电影、去主题餐厅、拉拉小手等，慢慢地，她才有可能成为我们的女朋友，甚至结婚组建美满家庭。

这么一点一点地来，就叫作"登门槛效应法"。

我们平常去谈客户也是一样，不要着急去推荐自己的产品，可以先和他们聊一些行业内的话题，取得对方的认同感。

比如我们问的一些问题，比较容易让客户回答"是，对的，没错，确实如此"。当他经常存在这种认同，那么未来我们有一个调研问卷请他填一填，他们就敢下笔填问卷，甚至愿意帮我们填某些表格登记，或申请体验计划。

当我们逐步地过渡到体验活动的时候，再介绍自己的产品，逐步进行，更容易让客户顺理成章地进入最后的成交阶段。

第二招，互惠心理法。

我们要善用人们的互惠心理，经常做一些乐善好施的事。我们经常对别人好，让别人得到我们的好处之后，吃人嘴软，拿人手短，他内心会有一种亏欠感。当他一直带着这种亏欠感而不回报的话，就会觉得很难受。于是，只要我们后续有需要他的地方，他就会觉得，终于可以去释放这种亏欠了，他会反哺我们，支持我们，回报我们，这样他就觉得不欠我们了。

这就是互惠原理，我们要想办法善用人们的互惠心理。

今天很多的企业，都会推出产品试用装、试用品，为什么呢？因为今天先让顾客试用，如果用完了之后说不出试用装的坏处来，那我们接下来提出下订单的要求，就会更容易一些。

比如一些日化品，先给一些试用装，说明一周后再过来采访使用的感受。一周后过来了,当试用者确实没有负面的感受,再跟他提出要不要下点订单,试用者那时候都不好意思不下订单,多多少少,象征性地也得下。为什么呢?因为人们不希望给别人留下一种占便宜的感觉。

在超市,我们也会看到,糕点区、牛奶区经常有试吃、试喝,顾客试吃完了,试喝完了,如果挑不出毛病的话,不会马上就跑,多少会给点面子,在附近转一转,这就是互惠心理在驱使。转完之后呢,他可能受不了,从而可能拎上两箱奶才走。

第三招,拒绝退让法。

我们想让客户更容易支持我们,可以先想办法让他拒绝我们一个相对合理的大请求。他拒绝时,我们给出挺失望的表情,客户其实内心一般会有一定的亏欠感,因为我们提出来的是一个合理的请求,虽然相对比较大。他支持不了,内心就会有愧疚感。趁他有亏欠感的时候,我们再想办法提出来一个相对比较小的合理请求,这时,客户一般都会更容易支持或接受这个相对比较小的合理请求。

美国曾经有一个案例。

一个小孩在街上拦住一位老先生,向他推销马戏团门票:"先生,您能支持一下我们的马戏团门票吗? 5美元一张。"

那老先生说不需要,立刻就要走。这时小孩立刻表现出非常失望的表情,嘟囔着"又失败了",老先生看到这样,内心就会有一定的亏欠感。

接着，小孩马上又来一句："那您能支持一下我们卖冰棍儿的活动吗？1美元一支。"

OK，老先生莫名其妙就买了一支。买完之后，老先生发现自己根本不吃冰棍儿，那他为什么还要买呢？因为他拒绝小孩子一个相对较大的合理请求之后，看到对方失望的表情，产生了亏欠感。在那一刻，小孩进而提出一个相对比较小的请求，他为了释放亏欠感，才产生支持与购买，并没有想到自己到底有没有这样的需求。

我们在跟顾客推销的时候也是一样，先推销一个客户可能难以接受的。比如在街头卖花，一上来就推销一捧花、一大束花，这时顾客有可能拒绝，他会说，不用不用，不需要。这时我们立刻拿出来一枝花，和他说相信您肯定用得着这一枝，因为今天是什么节日，您把这枝花拿回去送给您的爱人，等等。顾客一定会非常感动，在那一刻有可能就会买单了。为什么呢？一来，他觉得这在自己的承受范围之内；二来，刚才拒绝了，现在我们给了他一个合理性的理由，消费单枝花。

小本生意，如何做营销才能收益倍增

小本生意怎么做营销才更容易收益倍增呢？送你三招。

> 第一招，打造流量入口型产品。

> 第二招，打造招牌型产品。

> 第三招，同一个人卖他很多次。

图 5-5 小本生意实现收益倍增的三招

第一招，打造流量入口型产品。

我们要善于打造自己的流量入口型产品，是指我们不指望这类产品赚钱，这类产品是为了拉人流、拉人气。

哪怕只是个早点铺，我们都要想一想，哪些是成本可控又能够引流更多人的产品。比如豆浆免费、小米粥免费，这些方面成本可控。就算一锅粥卖完也赚不了多少钱，但是把它免费之后，会吸引其他早餐店里的顾客来到我们这里购买，因为为了占这2元免费的便宜，他们就过来了。

他们过来后不能光喝豆浆或小米粥，他们还会买灌汤包、油条或肉夹馍等，这样，我们就可以通过灌汤包、油条、肉夹馍等来赚钱。

所以，任何一个公司，哪怕是再小本生意的公司，都要善于打造自己的流量入口产品，先通过一个入口产品吸引人，再想办法留住人，让他们觉得我们这里的东西还都挺不错，给他们做的服务还都挺叫好，那么以后，这些人就习惯性地愿意来我们这里了，我们可以用其他的东西赚钱。

第二招，打造招牌型产品。

我们要善于打造自己的名气产品、招牌型产品，让别人一谈起这类产品就能够想到我们，或者说一谈起我们，就能想到我们的某个产品。

我们一谈到麦当劳，就想到巨无霸；一提到巨无霸，就想到麦当劳，这就是它的名气产品。这种名气产品也不指望赚多少钱，指望的就是能够招揽更多的顾客过来。这巨无霸是他们用最好的面粉、最好的食用油、最好的蔬菜以及肉类压制而成的，本身并没有太多的利润，但是很多顾客必点这一款，就是冲着这一款过来的。

所以，哪怕我们就是一个早点铺，也可以打造一个特色油条，或特色灌汤包，做到跟别人不一样，并且价格便宜（平价），普通市民的平价，这就有可能成为我们的招牌型产品。未来某一天，我们在门口还可以挂上一个"老张灌汤包"，因为有这方面的名气，别人就会口碑相传。

第三招，同一个人卖他很多次。

同一个人卖他很多次，是指我们通过名气产品或者流量产品，已经把这位顾客吸引过来，就要持续地滋养他，持续地触达到他，持续地影响他，让他每一次都能够享受比较超性价比的服务或产品，让他每一次都能享受某方面特色风格的服务。这样，他就会形成自己的潜意识记忆，一想起什么，就比较容易想到我们。并且，因为我们经常能够触达到他，他跟我们的关系也就越来越近了，越来越熟悉了，我们之间的信任感也就越来越强了。这样，以后我们有任何商业推荐，他往往更容易产生消费。

所以，我们要想办法把自己的粉丝和用户都引导到我们的微信群里，或者我们的微信号、公众号、新媒体账号里。然后，我们经常去开开直播，跟大家聊聊天，顺带推荐一些产品。或者在自己的微信群里经常跟大家互动，发发红包，比如每天晚上六点准时发红包，抢到红包的第一名以及最后一名，可以享受当天晚上半价，等等。

也就是说，我们需要跟大家互动起来，玩起来，大家跟我们有熟悉度了，在吃饭这种需求上，或者在买我们产品的需求上，就容易第一时间想到我们。

我家附近有一个铁锅炖，这铁锅炖的老板非常聪明。有一天，我请我团队过去聚餐，他把我们团队的每一个小伙伴微信全都加了，加完了之后放到他的群里。每天他在这个群里都非常活跃，经常说什么产品在群里预订了，就可以享受七五折。这就相当于只要进他群里的，都是会员，都享受七五折的特价待遇。

这就是想办法持续地与顾客产生联系，持续地影响到顾客，最终持续地卖给顾客。

总结

不管采取以上三招的哪一招，通过流量产品也好，名气产品也好，卖给更多人，卖给他很多次，这都是我们做生意必须懂的生意经。尤其是小本生意，我们想让自己的生意能够实现倍增收入，这三招都是必须做的。

客户维护：如何让客户和你一直走下去

当同行也在接触我们的客户,如何防止生意被人抢走

如果有同行已经开始接触我们的客户了,我们如何防止自己的客户被同行抢走呢?下面针对新老客户的不同来解决这个问题。

新客户被同行盯上给你两招解决,老客户被同行盯上给你三招解决。

一、新客户。

有些新客户在我们和他沟通的过程中就直接和我们说,最近有些我们的同行也在接触他们,这其实是在给我们施压,有可能是他的一个谈判手段。针对这种情况,两招解决。

1．利他分析法。

我们站在客户的角度，给他进行一些相应的推荐，然后站在一个中立的立场，让客户觉得我们还是挺专业的，是真的为了他好。

比如，我们可以这样说："张总，无论最后您跟哪一家合作，我们其实都是希望您好。有一句老话叫'货比三家不上当'，今天您既然来了，为了帮助您更好地进行决策，我干脆赠送您一份市场行情分析报告。这里还有我们前段时间专门调研的一份数据，我相信对您一定有帮助。并且，既然您来了，干脆我也给您介绍一下我们这款产品的特点，以及它的优势和价格分析，也方便您接下来在看其他产品的过程中做个参考。"

这样说，我们把自己的东西最后还是糅了进来，并且糅得很客观、很公正、很中立。这样的话客户就会爱听，因为我们说的这些话都是站在他的立场上的，都是利他的，为了帮助他更好地决策赠送他一份数据，相信那些数据对他接下来做选择一定有所帮助，给他分析我们产品的特点和优势，也是给他做一个参考。

这就是利他分析法，客户一定听得进去。

2．比较优势法。

我们要想办法引导客户听到我们跟整个行业，跟其他的同行产品到底有哪些与众不同的优势。当然，首先需要有这样的一个铺垫：我们先捧一下他，建立彼此的好感，这样的话，客户也更容易接受我们后面所说的话。

我们可以这样说："张总，像您这样的大客户，相信肯定有不少公司抢着跟您合作，所以即使您有其他的合作伙伴，我也一点都不惊讶，这太正常了。其实我们公司也特别喜欢跟您这样的人交朋友，因为您有行业调研的经验，有行业认知，又相对比较专业，我们聊起来又直接、又开放、又透明，不绕任何的弯子。以您对我们行业的认知，相信您也发现了，我们的价格还是有一定优势的，为什么我们敢对外说同等质量比价格，同等价格比质量，因为我们有信心。这其实全赖于我们有这样的研发部门，我特别佩服我们的研发实力。既然今天您来了，我也给您分析分析，为什么我们能够做出这样的一种高质量还能够保持这样一种价格的产品。"

这样一说，就把客户带入我们的比较优势分析上了。

二、老客户。

以上说的是针对新客户被同行盯上的两招，接下来针对老客户。如果老客户和我们提出，有几个我们的同行最近也在接触他，甚至同行提供的价格比我们还有一些优势。在这种情况下，该怎么办呢？送你三招。

盲区提醒法　麻烦提醒法　友情赠送法

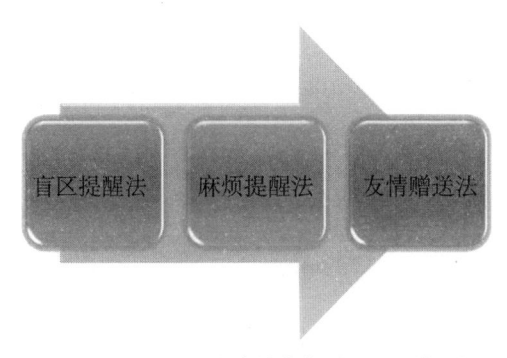

图6-1　应对老客户被竞争对手盯上的三招

1．盲区提醒法。

客户听同行说他们有价格优势，我们要提醒他："你别听他们光说价格有优势，一个产品、一个服务到底能不能满足你的需求，能不能直接彻底解决你的问题，我们能光看价格吗？肯定是不能的。他们公司成立时间那么短，刚上市，你今天听他说价格有什么样的优势，就不怕他背后有什么猫腻，有什么隐患吗？你今天因为价格优势跟他达成了交易，万一后期出了麻烦，你在公司里怎么给团队交代呀？所以，我相信你心里肯定有数，我们都合作这么多年了，说实话，你在这方面也不是不了解，这成本都在那儿摆着。如果他们能够给出那么低的价格，从原则上来说，我们公司有更纯熟的经验和技术，完全也可以做得出来，那为什么我们公司这么多年都没有推出呢？这背后肯定有问题，我建议你不要去给自己购买一个隐患。"

这样一说，老客户一般就被说服了，这就叫盲区提醒法。

2. 麻烦提醒法。

我们要提醒客户，如果不跟我们这样的老伙伴合作，而跟一个新伙伴合作的话，他要经历很长时间的磨合期，要投入很多的精力和成本，到最后还不见得能有什么样的效果。

我们可以这样说："老张，你想想，你跟一个新人合作之后，我且不说他答应你的那些能不能办到，你就想想你跟他磨合得磨合多久，你得投入多少人力、财力以及时间，到最后万一有个什么闪失，还是费力不讨好，你图什么呢？"

3. 友情赠送法。

当客户和我们提到竞争对手给出了一个更好的价格时，我们可以跟他说，价格优势这一点，其实是我们之间最不看重的。

我们可以这样说："老张，我们都合作这么久了，也不是光看那点价格才一直合作吧？我们公司最近还在想，怎么为老客户提供一对一的免费个人VIP顾问，以及私董会这种资源对接的服务。不说别的，过去这么多年你与我们公司合作期间，我们提供了这种额外的专业方案的支持，以及人脉资源和渠道的对接，哪一个不比那点价格优势更有价值，这一笔账我们算不出来吗？"

这样说了之后，客户就不好意思再拿竞争对手那点价格优势来压你。

如何让客户长期复购我们的产品，不被竞争对手抢走

如何让顾客长期复购和使用我们的商品，保证顾客不被竞争对手抢走呢？下面我用三条有效建议解决这个问题。

在说这三条建议之前，我们要首先了解一种状况。如今是一个物品泛滥的时代，早已不是曾经的物品匮乏了，顾客永远面临着无数的诱惑，我们不要指望他今天买了我们的产品，就要对我们有品牌忠诚度，因为顾客经常会受到各种诱惑的干扰。

那么，怎样让顾客不从我们这儿跨到同行那边呢？很简单，增加他跨越的成本就好。我们要想办法增加他在我们这里的留存，让他觉得：我已经养成了一些相应的习惯，我在这里都已经投入了很多的感情，也已经投入了很多的沉没成本，如果我转换了，我付出的代价就会很大。

这样，他也就不转换了。

下面，我具体说说这三条建议，以及怎么去落实。

图 6-2　让客户长期复购的三条建议

一、增加习惯成本。

我们使用电脑，用 Windows 系统用熟练了，有天买个苹果电脑，就特别不习惯用苹果系统，最后往往还得装个 Windows。

我们用移动用熟练了，换个联通也不习惯，因为里面还存着自己很多的通讯录，要一个个通知也很麻烦，也习惯了一键拨号，等等。

我们平常用印象笔记去做协同工作，换成有道云笔记也不习惯，里面还有很多的资料需要迁移，特别麻烦。

所以，我们培养顾客的习惯成本。

比如开餐馆，每次顾客过来都感觉超干净，并且环境超好，还有轻音乐，额外赠送的小吃，超给力、超热情的服务，等等。一段时间下来，顾客就已经习惯了，觉得在这里特别有面子，觉得这里是性价比特别高的一种消费，并且觉得特别安全，环境还特别好,再去别的地方他就受不了。

当我们打造了这种特色服务,基本上就能拴住顾客的心,这起作用的,就是增加他的习惯成本。

二、增加沉没成本。

我们想办法让顾客投入,或者想办法奖励他,但不让他即时拿到。

美容店经常会发 VIP 卡,不断升级的 VIP 卡,顾客越往上升,存钱越多,享受的折扣就越多,或者续费越久,未来能享受的折扣就越多。比如,顾客已经办过三年的会员卡了,三年一直都在,然后只要再续很少的钱就能享受一个更好的折扣,这时,顾客肯定愿意续费。续费之后,卡里有钱,肯定不会再换到其他美容店了。

餐馆其实也一样,很多娱乐场所也一样,让顾客一上来就充值,充值完了之后也就锁定了,因为,这里边有顾客的沉没成本。顾客如果不花,退不了,余额就浪费了。

所以,我们要增加顾客的沉没成本。

当然,我们也可以用奖励的方式让顾客不能即时得到。就像有些商场每次给积分,有些药店每次给积分,积分都存储到会员卡上,只有到一定阶段之后,积分才能够兑换一些相应的礼品。所以,只要卡里边有积分,顾客就不可能轻易注销这张卡。

信用卡往往也这样操作。我们和客服人员说:"我不喜欢用这张信用卡了,我想销了。"

这时，客服人员会问："先生，您真的确定了吗？您要知道您这张卡经过您过去累积的消费，您已经享受了什么样的特权，您去港澳台消费就可以享受什么样的特权，甚至在您进入一些高档餐饮服务行业时可以享受什么样的特权，等等。现在您这张卡里已经有多少积分了，您现在销卡了之后，这积分就白积了，您真的确定要销卡了吗？"

这时，顾客一般都会犹豫，算了算了，等等再说吧。这一等，就又开始用这张卡了，这就是增加顾客的沉没成本。

三、增加情感成本。

有些机构，经常会组织线下的沙龙、见面会、茶话会或者家庭聚会，甚至是搞一些跟客户之间相关的游学，进行一些线上的交流。他们为什么经常进行这些良性的互动呢？因为每一次良性互动，都可以增加熟悉感，增加信赖感，增加好感度，让彼此更加了解。于是，在这样一种情况下，和顾客之间已经有感情联结了。

如果未来有一天，顾客想背着我们与我们的竞争对手合作，他心里会有负担。他怕我们知道，因为他和我们已经是朋友关系了，他怕不好面对我们。

每逢一些佳节的时候，乔·吉拉德都会给自己的客户寄一张卡片，上面写着"我喜欢你"这样的话，下边缀着"乔·吉拉德"。为什么乔·吉拉德经常做这样的事情呢？后来经记者采访，他说："因为我要不断地跟自己的客户建立情感联结，让他们未来一想到这方面的交易,就能想到我,一想到未来要跟别人发生这样的交易,他都会有罪恶感,他都会有损失感,他都会有负罪感,那就证明我的服务到位了,证明我跟他的情感联结到位了。"

所以,我们要想办法与客户做一些情感联结,让他进行一些情感投入。我们帮他一些忙,甚至可以让他也帮我们一些忙,让双方私下建立非常好的情感关系。

总结

希望以上这三条建议,无论是增加顾客的习惯投入、增加顾客的沉没投入,还是增加顾客的情感投入,无论是哪方面成本的投入,都是为了增加顾客的转换成本。只要他的转换成本很高,转换代价很大,他就不愿意从我们这里转换到别处。

顾客冲你发火时，如何轻松平息对方的怒火

顾客冲你发火该怎么办呢？送你四招，让你轻松平息顾客的怒火。在说这四招之前，首先还是要分析一下两种错误的应对方式。

一、还击。有些没有经过专业训练的销售员，遇到这种情况有可能控制不住脾气，直接就开始还击。千万别这样，尤其是我们店面还不足够大的时候，这种还击很容易招致更多人的围观，影响店里的信誉。为什么？店小啊，客大欺店，他想怎么闹腾，就怎么闹腾，而我们是"跑了和尚跑不了庙"。他跟我们闹完之后就可以撤，但我们的口碑就在外了。

二、解释。还有一种错误应对方式是解释，只是一味地解

释，当初是什么原因，我不是故意的，等等。这样会给顾客一种逃脱责任的印象。

下面我们来介绍解决顾客怒火的四招。

> 第一招，降低顾客的重心。
>
> 第二招，正面反馈。
>
> 第三招，替换场景。
>
> 第四招，换人策略。

图 6-3　解决顾客怒火的四招

第一招，降低顾客的重心。

人越在高位的时候，情绪越占优势，就越容易发泄情绪；越在低位的时候，情绪越占劣势，越不容易发泄情绪，并且越容易被站在高位的人的情绪所影响。

举个例子，参加军训，教官训话的时候往往会先让我们蹲下，当我们蹲下再看教官的时候，就觉得他说话特别有权威感、特别威严。领导给我们开会的时候一般他站着，我们坐着；演讲培训的时候讲师站着，我们坐着，这些都一样，都是为了气场不一样。

所以，我们要先降低顾客的重心，有话好好说，来，先坐下。当他坐着的时候，情绪就不太容易发泄出来。

人发泄情绪的时候总是义着腰,有一种向上蹿的感觉,甚至脖子、嘴、眼睛都往上挑,这就是情绪的一种输出方式。我们把他的情绪输出方式给解决了,让他坐下,他也就不太容易输出情绪了,气场也就随之降低。

第二招,正面反馈。

先听顾客说,无论他说什么,我们都先别反驳,先表示出自己的在意,先听,让对方倾诉完、发泄完(其实顾客的情绪也已经转移了)。并且,在顾客倾诉完、发泄完了之后,我们适时地可以给对方一些正面反馈,比如我还真没想到等,体谅一下顾客。

这就叫正面反馈。人最烦的就是,他有情绪的时候,竟然在对牛弹琴,他说了很多,我们却冷漠、淡然,没有任何反应,没有任何正面的反馈。那他就会觉得更受伤害了,就有可能情绪升级,更加地爆发起来。

第三招,替换场景。

顾客有可能在目前这种场景下,触景生情,或者是特别容易引发他的坏脾气,那么,我们想办法把他换到一个更放松的场景,换到一个更欢乐、更好玩的场景,这样,他就发不了他的坏脾气了。

比如说在饭桌上、酒局上、KTV 里、娱乐场所里,我们想办法把顾客带入一个更容易引导他正面情绪的地方,换一个场景再聊。

第四招，换人策略。

如果我们怎么聊，都跟顾客聊不到一块儿去，顾客一直表现出来的就是暴烈的脾气、强势的语言，那证明顾客对我们很了解。这时怎么办呢？我们换另外一个人跟他聊。

换的这个人，也许是让顾客特别有眼缘、特别养眼的一个美女，顾客就急不起来，反而越聊越开心。也许是一个比我们更强势的，更能镇得住顾客的追求完美的人，顾客不愿意在这类人面前造次，那就更容易影响和改变他了。

总结

遇到顾客着急发火，我们可以先想办法降低他的重心，让他没有那么足的气场，不容易发出火来。接下来先听他的倾诉，等他倾诉完了之后，再给点正面反馈，舒缓一下他的情绪。再接下来，实在不行给换个场景，换个放松的、欢快的场景跟他谈一谈。再不行，就换人跟他谈。

总之，以上无论哪招，都是能很好地影响和反制顾客怒火的非常实用的方法，希望你能学会。

和客户拉关系，如果不注意这四点，对方会非常反感

做销售跟客户寒暄时，到底需要注意哪些才会不让客户反感呢？甚至是让客户一上来就对我们有好感呢？下面介绍四条建议。

在说这四条建议之前，我们先了解一下与客户见面刚开场的寒暄，到底要起到什么样的作用，要实现什么样的目的。

一、引起客户的兴趣。

二、让客户感受到我们对他的关怀。

三、赢得客户的好感。

图 6-4　与客户开场寒暄的三种作用

第一个作用，引起客户的兴趣，抓住客户的注意力。让客户被我们吸引住，寒暄起码要起到这点作用。

第二个作用，让客户感受到我们对他的关怀、关心，感受到我们对他的欣赏、尊重甚至崇拜。

第三个作用，赢得客户的好感。在客户对我们有了好感之后，我们的一切方案、建议，还有后期产品服务才更容易推介进去。

那么，如何做才能拉近与客户的关系，赢得客户的好感呢？下面介绍与客户寒暄的四条建议。

一、正确的开场。

二、寻找共同的话题。

三、迎合式赞美。

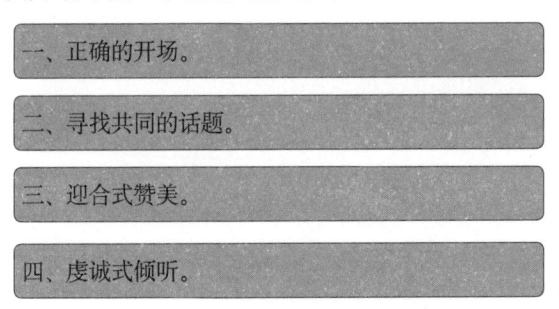

四、虔诚式倾听。

图 6-5　与客户寒暄的四条建议

一、正确的开场。

正确的开场包含两点：一是敬称对方，二是说清自己。

敬称对方，就是我们需要结合客户的更高职务，或者是根据客户的阅历、资历、年龄，去给对方敬称。

"您好，刘经理。"

"您好，张总。"

"您好，王主任。"

哪怕他只是一个办公室副主任，那也是主任。

除了敬称对方之外，要赢得客户一上来就对我们礼貌地接受，我们还要让客户了解我们到底是干什么的，以及我们到底有什么样的专业性刚好是他所需要的，我们要说清自己。

我们最好要说清我们来自哪里，负责什么，过去见过多少企业，解决过多少问题，简单一句话总结自己的成功案例，以衬托自己的专业性和经验性，让客户觉得他跟我们说话非但不浪费时间，反而能够从我们这儿得到些什么。

二、寻找共同的话题。

寒暄的第一目的是想办法挑起对方的兴趣，吸引住对方。那么，什么东西最容易吸引客户呢？很简单，他关心什么，我们就聊什么。

我们上来可以用一种相对比较放松的口吻跟他说："听我们张总一直在提您，您的名字在我们公司真的是如雷贯耳了，我们早就期待跟您见面，今天终于让我见到大活人了。"

我们上来就给客户一番这样的恭维，或者是一番这方面的借助第三方的赞美，会让他心里有一定的优越感。这时，我们可以再加上几句话："早听说您在某方面也有研究，今天还想向您多请教几个问题呢。""一直听说您在某方面比较厉害，今天估计得要多问您几个问题了。"

客户在哪方面有研究，在哪方面厉害，这样的话会使客户因此而有种优越感，于是更愿意去提及一些细节。

当客户被我们打开了这种缺口，他的表达欲泛滥，开始去大谈特谈，他当初在这方面到底怎么样。甚至我们提的几个小问题，让他觉得，他能够用长辈面对晚辈、专家面对业余那样找到一种优越感。客户也会通过这样的谈话，让自己心情愉悦。

三、迎合式赞美。

迎合式赞美，就是通过我们听到的、观察到的、看到的、了解到的与客户相关的比较牛的人和事，我们要想办法拿出赞美之词，让客户因为这些赞美之词而对我们有更多的好感。

任何一个人都有他自己所看重的事，他都会表现出来。他会自然地挂在嘴上，表现在办公桌或办公室的装修上。所以，我们不要眼瞎，也不要耳聋，听到那些客户比较引以为豪的、比较突出优于更多同龄人的事，我们就要想办法拿来做文章。

比如，我们看到客户背后有一个书架，书架上放了很多有关曾国藩的书，我们可以说："哇，张总，您对曾国藩也有研究啊，我有个服务十年的老客户也超级喜欢曾国藩。"

这一句话，我们就把"服务十年"这个词顺带地渗透到客户的潜意识，让客户感觉到我们是值得信任的、服务质量还过得去的销售。我们要和客户在放松式、恭维式的聊天寒暄的过程中，想办法把自己的专业性不断地渗透过去。

这个时候，客户很可能打开话匣子："曾国藩是我人生中的一个偶像，尤其是他平衡事业和家庭的方面，我确实有很多的心得体会，向他学到了很多。"

这时，我们可以跟他谈一谈最大的心得体会是什么。我们至少可以通过这一方面的谈话，了解到他的价值观倾向，以后就可以表现出比较符合他价值观倾向的样子。这样，客户就会越来越喜欢我们，因为我们表现的内在跟他一致。

四、虔诚式倾听。

当客户开始大谈特谈自己的所见、所闻、所感的时候，我们要想办法非常专注地、饶有兴趣地、带有鼓励式眼光地去倾听，甚至有些时候听得还不够过瘾，会启发他，让他一直说下去，比如"真的吗，然后呢，还有呢"，等等。

我们可以随时随地拿一个小笔记本，当客户说到一些非常有意思或者是比较经典的话的时候，有意识地记录下来。这样会给客户充分的尊重感，并且给他一种对他的话非常重视的感觉。

客户提到一些相关细节的时候，我们也要记下来，让客户对我们更放心，他说的事我们都记下来了，基本上就能够落实。

总结

我们跟客户开场寒暄的时候，要让客户对我们有好感，让客户感受到我们对他的关心、重视和尊重，同时也让他有兴趣跟我们进行更深入的聊天。

如何将新客户变成可持续复购的老客户

作为销售人员，对于新客户，我们要不断促销、谈判，促成第一单。而对于购买过一次的顾客，让其购买更多，是我们事业是否长久的关键。那成交之后如何将新客户变成可持续复购的老客户呢？下面卢老师将会送出六招。

第一招：会员锁定，持续用福利激励。

我们是开店的，即使遇到第一次来买东西的顾客，我们也要想办法通过办会员卡的方式，留下对方的信息和联系方式，以便后面可以持续地、重复影响对方的消费决策。比如我们可以塑造一下这个会员卡的价值：

"今天您办理了会员卡，以后就可以逢什么节日享受什么样的折扣，就可以参加我们老顾客的满减活动，可以参加我们针对老顾客的回馈赠送性活动、抽奖性活动，等等。"

总之我们让对方觉得今天他免费办的这张卡很有好处，他没有抗拒的理由，他也就留下联系方式或者加我们的微信了。那么我们以后就可以通过系统给对方发信息的方式，或通过朋友圈发特惠信息、回馈老顾客信息的方式，持续地影响对方来我们这儿重复购买。

第二招：用心服务。

我们真正在意客户的需求和偏好，做到让他感动，让他意想不到，他就会成为我们的忠实顾客。就像同样是餐厅，但海底捞这么出名，这么多口碑传播，就是因为它的服务很人性化，让很多人忘不掉，甚至愿意主动给它做口碑宣传。

比如：我们是戴眼镜的，他们就送我们一块镜布；我们是带小孩来的，他们就会送小孩一个玩具；我们今天有人过生日，他们会一起给寿星唱《生日快乐歌》，给我们送蛋糕，太人性化了！所以我们就忘不掉，仍然会在下一次大聚会的时候带朋友过来。

第三招：豪爽赠送。

再来说海底捞。有一次我在外地讲课，晚上机构请吃饭，就在海底捞那儿。然后，当时我就提到了前天晚上听我爱人说，我们家小姑娘发高烧40℃了，今天晚上我无论如何也得赶回去。我当时就随口说了这句话，就被旁边的服务员听到了。一会儿，服务员专门为我们家小姑娘买了一份礼物，又送了一个大的爱心，当时就让我好感动，现在到哪儿都说他们的故事。

这就叫豪爽赠送。有些店面听说我们今天过来是给谁过寿宴，或者是过生日，或者是我们有什么样的原因，会专门给我们来碗寿面，或者赠送一些相应的果盘，等等。这些都会让人觉得这个餐厅有人情味，以后聚餐还愿意来这儿。

第四招：引导参与。

在有条件的情况下，要让顾客参与到我们的服务过程中。比如让他参与到我们的产品设计之中，让他找到那种主人翁的感觉。只有这样，他才比较容易成为我们忠实的铁杆粉丝。就像小米为什么会有那么多的发烧友，就是因为在产品设计的过程中，工程师参考了很多粉丝的意见，粉丝找到了自己的参与感。

曾经有一个顾客在餐厅里问他们的店经理"你们家有那道××菜吗？听说那道菜非常不错，在××家"。当时说完了之后，那经理说"我保证让我们的厨师去学，学完了之后让您过来品尝，看看我们做得到位不到位"。当时还留下这客户的信息，这就会让客户觉得我们太重视他的意见了，他就会比较容易成为我们的铁杆粉丝。

第五招：格外在意。

格外在意就是我们要对客户的每一次反馈，甚至是投诉表示出极致的在意。我们要表现得比他还要在意这个问题。

比如说客户给我们反馈什么样的意见，或者是提出什么样的质疑，我们要第一时间去处理，并且还要想办法给他进行相应的奖励。包括客户如果交代我们什么事了，我们但凡答应过对方，都要想办法给予对方超越期望的完成度。

第六招：超越期望去做。

我们要超越期望去多做与产品无关但对客户有价值的增值服务。比如跟我学口才的学员，或者跟我学销售的这些客户，他们可能也会遇到一些家庭问题，一些子女教育问题，一些两性关系问题，或者职场里上下级的问题，等等。他们在给我发私信或者加我个人微信的时候，我都会很用心地给他解答，这都是我们提供的额外增值服务，与产品无关，但是我们只要有时间，就愿意给他解决这些问题。甚至有些人跟我学完了销售之后说，老师，销售不见得那么好做，你能不能给我推荐一些好的创业机会，或者是让我可以通过销售赚更多钱的机会。我们甚至也通过私信的方式，给他们推荐一些更容易让他们借助业余时间赚到钱的创业机会，这都是在主动拓展他的事业，在帮助他们解决更多与产品无关的问题。这就是客户爱我们的原因。

顾客说"我想买你同行的",怎么做才能挽回订单

在推销产品的时候,会有顾客拿你同行来压你,遇到这种情况,该怎么办呢?今天,我们就来讲讲这个问题。送你五步,教你轻松绝杀你的竞争对手。

第一步,绝不贬低竞争对手,要赞美竞争对手。

通过赞美反而体现自己的格局胸怀,体现自己不怕别人货比三家、不怕别人比价的信心,体现自己对自己产品的绝对信心。在这方面有些商家就做得不是特别好,比如,顾客说:

"你看人家老牌子,人家大品牌比你的还便宜!"

有些商家一听就急了,就玩不起了:

"你知道吗,我给你说个小道消息啊,那家产品呀,他们背后用的原材料那简直就是垃圾材料,你用上了之后会有很多麻

烦，将来因为这个会让你付出很多的代价。他家的产品使用寿命也不可能长，而且他们背后还有很多内幕呢！"

其实，我们越这样说，越让眼前的这个顾客瞧不起你。

为什么？因为你太小家子气了，你太玩不起了。

要知道人家顾客挑毛病，尤其是拿竞争对手来压我们，人家只是想让我们做出点让步。如果对我们的东西没有兴趣，人家犯不着跟我们说这些话，对不对？

我们说那么多，既不符合人家想让我们做出让步的初衷；又显得自己很小家子气，甚至做人不到位，人品有问题。

当别人觉得我们做人有问题的时候，就很难与我们发生交易，甚至在外边给你传播的时候，也不会有一个好印象。

当别人觉得这个商家的老板小家子气，不能容下别人，就会怀疑他们家的产品可能也会有这样那样的那问题。这样就完蛋了，我们的东西就不好卖了。

当然，我们在赞美竞争对手的时候也要注意技巧。不要导致赞美完了之后让别人都成群结队去竞争对手那儿买去了。

我们要赞美一些偏门的地方，就是赞美一些对方不见得在意的地方，赞美的那个点跟眼前顾客的需求最好不太匹配。

这样就能够让对方既不对那个赞美的点感兴趣，又显示我们自己特别有格局，特别有胸怀。

比如，他说：

"哎，你看人家都是大品牌老牌子！"

你可以说：

"那家还真是大品牌老牌子,我爸爸妈妈以前也用他们家的东西。"

我们肯定了那家是大品牌老牌子,等于强化了对方的一个优点,但是这个优点跟对方的需求点不见得匹配。

我们可以直接告诉他,我们的产品虽然是新型产品,但却是高科技产品,我们走的是一个什么黑科技路线;或者我们走的是一个时尚路线,我们走的是一个潮酷路线;或者我们走的是一个商务路线、便携性路线;等等。

我们强调的这些点,刚好跟客户的真实需求能挂上钩,就成功了。

第二步,讲出自己和竞争对手的差异性。这差异性,就是要突出自己的绝对优势。而这个优势刚好跟客户的需求挂钩。

我们越这样说:"是啊,非常经典,以前我爸妈也都用。"这个年轻的客户有可能就越看不上他们家产品。

为什么?因为顾客喜欢这种潮酷的新品。顾客喜欢这种时尚感,喜欢这种在社交中显得特别有面子的潮酷感,等等。

所以,我们要想办法讲出这样一种差异性,其实就是反推自己的绝对优势。

第三步,重点强化自己的绝对优势。

告诉他,我们这项产品,用的是什么样的材料,是由怎样级别的设计师来设计的,甚至从设计理念上参加过什么样的大赛，拿过什么样的国际金奖。

经过这样强化完了之后，我们突出了这个产品无可替代的优势。其他再大的品牌，再老的品牌、经典，也无法替代它。

这就叫强化自己的绝对优势。

第四步，想办法提醒眼前的顾客，竞争对手那儿的产品的不匹配性。

就是提醒那边的相对弱势。我们仍然是带着不诋毁的、只是为对方好的口吻，站在一个利他的角度，让他感觉真的就是为他着想。

比如，我们今天是卖水杯的，他是来买水杯的。可以从他使用水杯的场景来说：

"你是为了出行商务使用，出行就要便携，对不对？而且你跟一群年轻人出行在外的时候，拿出这个水杯显得很潮酷、很时尚。你说的那个老品牌、老经典，它经久耐用是没错，现在谁还在乎这个经久耐用呢？那个诺基亚更经久耐用，可以拿来砸核桃，但为什么还有很多人专门去买苹果呢？就是因为这个时尚潮酷感了，对不对？"

我们就提醒了竞争对手的产品跟对方的真实需求的不匹配性，甚至我们可以暗示那种浪费感：

"我知道它是一个大品牌，是一个老经典，它经久耐用，但你又能够在经久耐用上得到什么样的好处呢？它是大品牌，有些功能也很好，还有些特别的功能，但你拿回去以后这样的功能你会用几次呢？"

这样强调了之后，仿佛这个顾客觉得我们还真是为他好，他顿时想明白了确实是花了那份钱，相当于买了很多不见得用得上的功能，那不就是一种浪费吗？他因而有了浪费感。

这样可以向顾客传递一种"我完全是为了你好，我也不诋毁我的竞争对手，但我们一定要想清楚顾客到底真实需要的是什么"的信息。

第五步，使出撒手锏。

就是直接拿出一份竞争对手那儿的客户转向我们这儿购买的名单。尤其是那些代表性客户，比如说：这个转向我们购买产品的客户，在眼前这个顾客眼里就是属于一种专业性或者权威性的人物；或者他尊敬崇拜的人；或者是跟他相似的人；或者是曾经还不如他，但是用上我们家产品后变得比他还拽、比他还潮酷、比他还时尚的人。

我们要拿从竞争对手那里转向我们这儿购买的比较有代表性的客户来见证，展示给对方看，这就不是"王婆卖瓜，自卖自夸"，而是用事实说话："我拿一些相应的客观案例给你展示，你自己考虑吧。"

对方自然会考虑明白的，为什么？

因为这些转向我们购买产品的案例，就会暗示他，这潭水，有人已经蹚过了，绕了一大圈，既浪费了精力，又浪费了时间，还浪费了财力，最后还是选择了我们家。

那他还犹豫什么呢？所以这时候这些话都不用我们说，他自己都能想得明白，他一定能转过这个弯儿。因为转向我们这儿购买产品的权威性、代表性的客户见证，它是超有说服力的。而这些我们平常就要做好准备，在必要的时候我们拿出来自然就有说服力，他自然就会选择我们的产品。

客户说"我们已经有供应商了",如何挖同行的客户

客户说,我们已经有供应商了,在这种情况下,怎么回应才能够把他挖过来跟我们合作呢?这就类似于在大街上碰到一美女,想跟她搭讪,没想到刚一开口,她回头给你看了一下她的手机壳,上面写着四个大字"已有男友",遇到这种情况怎么办呢?

还有,类似于我们目前的贸易大环境,供大于求,以前靠打价格战挖客户,现在打价格战不行了,怎么办呢?

针对以上情况,关于如何挖竞争对手的客户,送你三招。

```
特色优势法  ⇄  特色见证法  ⇄  新品体验法
```

图6-6 如何挖竞争对手的客户，送你三招

第一招，特色优势法。

我们不能老拿以前那一套，报价10元，客户还价8元，一想利润还有3元，就成交了。但是，成交完了之后，我们会发现别人还能够6元成交。我们有5.5元成交的，别人还能5.4元成交。

这就叫没有特色，大家都能搞的事情就没有特色，对客户也很难有杀伤力。

并且，这样一种价格战的打法，也让客户深受其害。为什么客户受害？因为，价格战打到最后，都没有利润了，这自然会导致一些商家开始偷工减料，让客户到最后深受其害。到时候，报更低的价格已经没有用了，客户一听这么低的价格，认为肯定偷工减料，上来第一印象就不好。

该怎么办呢？我们可以报稍低的价格，还要给客户一个我们的品质是有保障的这样一个特色。怎么描述自己的特色呢？比如，使用了什么高新科技技术，有哪方面的专利发明，用了哪方面的特殊材料，这种材料在整个行业我们具有一种垄断的优势，所以在这方面可以以最低的成本保证最高的品质。

在较低价格的同时，我们能够拿出这类的特色给客户的话，客户会觉得，还真是又低价又能够有品质保障的，那么，他选择我们就有了自己的理由了。

第二招，特色见证法。

我们要拿出那些比较厉害的、知名的、权威的、官方的、有实力的客户见证来增信，让客户通过这些见证，看到这么多有实力的大客户都跟我们合作，觉得他今天要跟我们合作应该是问题不大，质量应该有保障。让他自己通过见证能够找到跟我们合作的理由。

客户之所以拿"有供应商"这种话来搪塞，就是因为他还不足够相信我们，这个时候最需要的就是摆出我们的见证。注意，不要自卖自夸，而是要拿出让对方眼见为实的、有实力的证明。

我经常给中国平安、英国保诚公司、可口可乐以及一汽大众等500强企业上新媒体课程。有一次，一汽大众总部培训，要走招投标的程序，好几个培训机构都联系到我们，说，卢老师你跟我们合作吧，我们在竞标一汽大众。我表示之前已经跟一家机构合作，不太方便。他们说不不不，卢老师你出多少课酬都无所谓，我们没关系，我们不挣钱也要想办法拿下这一汽大众的标。为什么？一汽大众作为世界500强企业，如果能够拿下这样一家国企、这样一个500强企业的标书，那么以后他们拿这个标书去谈其他的小客户、中客户或其他大客户，会顺利很多。

这就是特色见证法的作用，特别容易增信，来解决客户的不相信和疑虑。

第三招,新品体验法。

我们要有自己特有的成本又低、质量又高的试用型产品或服务,哪怕只是样品,我们也要想办法先让客户介入进来,跟我们有了联系。只有客户先跟我们合作起来,才有后期的跟进机会。

除此之外,我们先让对方体验我们的产品之后,代表我们先对客户好。人们都有互惠心理,我们对他好,"吃人嘴短,拿人手软",他也会对我们有一个反哺反馈,在这种情况下,至少我们跟他在后期谈的时候,占了心理优势,他也对我们更有好感,更容易走向最后的成交。

更重要的是,我们把客户介入进来之后,就可以有很多的机会再发生联结,比如让他来我们公司考察一下,参访一下,然后我们过去拜访一下他,或者一起搞一个饭局,一起搞一次游学等,慢慢地关系越来越熟络,以至于成为无话不谈的朋友,这时拿下订单就不是难题了。

顾客拉着同伴来把关，如何把对方变盟友

顾客来我们这儿买东西非要拉个伙伴给他把关，我们该如何应对，才能够让他的陪同者替我们说好话呢？下面我将送出四招，让你轻松拿下订单。

第一招：要善于和陪同者进行良性互动。

因为这个顾客一定是没有什么主见，才拉陪同者过来帮他把关的。他觉得这个伙伴可能比他更专业一些，更在行一些，更有经验一些。如果我们搞不定他的伙伴，那一般情况下就很难搞定当事人。所以一定要跟他的伙伴进行良性的互动、良性的交流。

我们不能冷落对方，如果我们一直非常在意顾客而不理会陪同者，那到最后对方有可能给顾客耳语几句话，提了一个负面

建议，有可能顾客就跟着这个同伴走了。所以我们要进行良性互动。比如我们要用眼神交流兼顾到对方，甚至我们时不时地去夸一夸："哟，您的衣服真有品位。"

或者是夸一下对方的身材，夸一下对方是在这方面很在行的人，等等。让对方有一种好的感觉，对方才有可能说我们的好话。甚至可以提一些不是特别重要的小问题，比如说："看，这款式穿到他身上适合吗？"

就是让这个当事人去试衣服之后，然后去问陪同者的意见："你看，他还是比较适合红色系，你说对吗？"

这样的话，其实每一次都是良性互动，都可以加深这个陪同者对我们的好印象，让他给我们说好话。

第二招：善于利用陪同者和当事人之间的关系来给当事人施压。

比如让当事人穿上我们家衣服之后，他出来照镜子的过程中，我们就可以夸过去："哎哟，还是您哥们儿了解您，这衣服一穿，既能显出您的气质，又能显出您的身材。您看还是他懂您呀，还是他了解您啊。"

这就是用他俩之间的关系给当事人施压，让当事人不好意思拒绝这个选择。我们也可以这样说：

"哎哟，还是您哥们儿有眼光，您看这款衣服穿到您身上，简直就像给您定制的一样，再合适不过了。"

这都是在用他俩之间的关系，让当事人无法拒绝这个选择。

第三招：要善于赞美陪同者。

就是我们要把这个陪同者捧起来，架起来，让他舒服，让他找到那种优越感。只有对方有这种好感的时候，他才更倾向于支持我们和他的当事人发生交易。同时我们把他的专业性捧起来了之后，他身边的当事人也更愿意倾听他的建议，更有利于最终实现成交。比如，我们可以这么说："哟，一听这位先生提到这一条就发现，您绝对是行家呀，有您这样的朋友真好！因为您可以给自己的朋友提出最中肯的建议，挑到最合适的产品。您看您还有什么补充意见，咱们一块儿交流一下，争取为咱朋友选到他最满意、最合适的产品。"

我们这样说了之后，就会让陪同者感觉很骄傲，同时也让这个当事人感觉很骄傲。他会觉得自己今天终于拉对人了，可以给自己进行一个更专业的把关，今天来得真是太值了。这就很有利于最终实现良性的交易。

第四招：用专业的口吻谈一些自己的优势，激发陪同者认同。

我们可以用专业的口吻谈一些当事人不一定听懂，但是陪同者似懂非懂或相对比较懂的话，激发陪同者，赞美他"您专业您懂得"。这样的话，对方在一般情况下，不会表现得一无所知。即使似懂非懂，他也会认同我们的说法。

比如，我们可以这么说，这是我们用××的特材、××的工艺、××的先进设备，采取这世界上目前最流行的设计理念，包括我们走的是××的流程，最后专门精制而成的，这个呢，他懂得。边说边把眼神扫向他旁边的陪同者，那陪同者不管他是真懂还是似懂非懂，甚至是不懂，一般他都会给我们进行一个正面的回馈。因为他要显得自己够专业，他要是一脸蒙，就会让他的当事人觉得"啊你也不懂，看来你也不够专业"。

这就是我们用的一个相应的套路，可以让陪同者更容易支持我们的专业性优势分析。

客户用上了同行的产品还挺满意，如何让他转变想法

如果顾客买过此类产品，还挺满意的，如何沟通才能够让顾客对我们家产品重新燃起兴趣呢？卢老师送出六步沟通逻辑，帮助大家顺利成交。

第一步，问他眼下这个产品用了多久了；

第二步，问他之前用的是什么；

第三步，问他为什么后来改用这个了；

第四步，问他改用了之后想要的是否都得到了；

第五步，重新让他转变想法是多么英明、多么重要；

第六步，塑造转变的时机再次来临，问他要不要珍惜。比如说，曾经那次转变给你带来了这么多好处，同样的机会摆在你面前，为什么你不给自己一个机会了解一下呢？然后开始要许

可，就是如果我能够促进更大的转变，让你能够得到更多的好处，你想听听我的方案吗？激发起对方更大的欲望。

这六步逻辑的核心在哪里？核心是在强调转变给自己带来的利益和价值。就是对方即使很满意，也源于由原来的第一选择过渡到现在的满意，是转变带来的满意。

所以我们让对方认识到转变就能够带来更多的满意和价值，对方就有可能做出新的转变，来接受我们更大的利益塑造。

举例说明。我们仍然说卖水杯的例子。大家可以这样一步一步地问：

第一步："卢老师，这水杯用了多久了？"

"哎呀，用了一年了。"

第二步："那之前您用的是什么牌子的水杯呢？"

"之前我也没太讲究啊。有时候喝矿泉水，有时候喝茶水，那时候甚至都不怎么用水杯。"

第三步："那为什么后来转变了这个决定用起这个水杯了？"

"那时候就觉得，如果不能经常喝温水的话，嗓子特别容易哑掉，失去了保护之后，嗓子耐受力特别差。"

第四步："您用上了水杯之后，您当时想要的那种保护嗓子，提高它的耐受力，让它不容易嘶哑等这些想法都实现了吗？"

"那是，后来我发现这嗓子出问题的概率就越来越小了，因为每天都持续喝温开水,从来不喝凉水。"

卢老师说都实现了,那就第五步:

"哎哟,您真是一个特别英明、特别会做决定的人,因为您做的任何一个决定其实到最后都有结果反馈。"

最后第六步,就可以引述道:"既然曾经的那个转变让您得到了这么多实惠好处,那么如果今天还有更大的一个转变的机会,让您得到更多的实惠好处:不仅能够让您持续地喝上温开水,还能够让您未来出席商务社交场合的时候,拿着这种水杯更体面、更上档次,甚至是让您也不用等那个热水冷却到凉水那个过程,随时随地拿起来就能够喝上45℃的温开水,那您愿意了解我的方案吗?"

卢老师本身对这个水杯是挺满意的,但有人这样重新激发出那么多新的诉求,并且一直在强调卢老师真的是特别会做决定的人,每次做决定都特别有结果;一再强调曾经做那个转变决定的价值,又强调了同样的一次转变机会、转变决定摆在面前,为什么不愿意给点时间了解一下呢?也许能得到更大的实惠。

以上解析了我们面对顾客已用上同行的方案,并且还算是满意的产品,我们想激起他对我们方案的新兴趣,该怎么用六步逻辑去跟他沟通的方法。

这些方法不见得每次都那么有实效,但至少它是一种参考的逻辑。我们可以不断地在课下进行相应的练习。当我们的逻辑越来越通顺、越来越灵活的时候,未来我们去解决问题就会更加顺畅。

7

因人而异，类型客户的销售心法

客户分九类，如何因人而异实现成交

"龙生九子，各有不同。"人也是如此，客户也是一样。这个世界存在各种各样的人，也存在各种类型的客户。那么，面对不同类型的顾客，如何都能实现成交呢？

以下，我讲讲九种类型的客户，并且拆解一下，针对这九种类型，讲讲我们大致的成交话术是什么，怎样做到因人而异，从而实现成交。

第一种类型，犹豫不决型。

这种类型的人，我们首先得分析清楚，他到底是因为什么犹豫不决，是因为他本身是犹豫不决型的、没主见的人，还是因为他动力不足，考虑不清楚当下决定的好处。分清楚了犹豫不决的原因，我们就可以对症下药。

```
犹豫不决型      不直接拒绝型
牢骚抱怨型      自我炫耀型
傲慢挑剔型      沉着老练型
斤斤计较型      善于比较型
                等下次型
```

图 7-1　九种客户类型

如果他本身是一个缺乏主见的人,我们就需要启发他,告诉他买这个产品的使用场景到底是什么,能够解决什么样的终极目的。我们可以给他进行比对式的推荐,可以采用如下的话术:"我们这个产品具备什么样的特点,它适用于什么样的使用场景,基于您想将它用在什么样的场合,解决什么样的目的,那么我建议您可以选择这款。"这样说的目的是让他搞清楚自己买它的终极目的和使用场景,他搞清楚了适配性,也就更容易做决定。

如果他是因动力不足而犹豫不决,我们就得想办法激发他的购买动力。我们可以采用这样的话术:"现在决定,会享受什么样的减免政策,会拿到赠品,还会参与抽奖,并且未来还会有什么样的长远利益。另外,现在决定,我还可以给你送一张 VIP 会员卡。"针对因动力不足而犹豫不决型的人,我们就描绘当下决定的好处。

第二种类型，牢骚抱怨型。

针对牢骚抱怨型，我们首先得弄清楚他为什么抱怨。

比如，客户是不是过去在这方面吃过亏，从而"一朝被蛇咬，十年怕井绳"。如果是这种情况，我们就要讲出我们的产品和过去他购买的那种商家、那种产品的区别。讲了区别之后，让他可以用新的眼光来对待我们的产品，同时，我们要表示出自己的理解和倾听，要拿出自己沉默、认同和倾听的姿态，让他们发泄自己的情绪。

其实，他们发泄完了之后，就会发现，我们人其实还挺好的。我们愿意听他这些牢骚，他也就更愿意跟我们建立信赖，进一步跟我们沟通。

第三种类型，傲慢挑剔型。

这种类型的人，往往骨子里有点小傲骨，觉得自己挺专业、挺自信，同时，他见什么事情都会怼一怼。

遇到这类人，我们最适合的方式，就是想办法给他推荐精品。为什么推荐精品？因为他过去开怼过太多东西了，我们推荐的是精品，他上来就会发现，这里的东西确实还真不一样，还真挑不出几个毛病来。这时，我们可以适当地恭维一下他，可以这样说："一看您就是个讲究的人，在这方面确实有过深入研究，我们看您的专业性比我们做销售的都专业，在您面前真的感觉自己班门弄斧。"

第四种类型，斤斤计较型。

斤斤计较型的人一般情况下特别喜欢占便宜，还经常认死理。

针对这种类型的人，我们要公开证明我们产品的价值，以及定价的合理性、公正、公开、透明。同时，我们再把他拉到一边去，给他传递一种个人私下里给什么样的实惠，比如私下里送个赠品，给他一种占便宜的感觉。

当他找到那种窃喜感的时候，他也就闭嘴了。

第五种类型，不直接拒绝型。

不直接拒绝型，就是他什么都好，但就是不做决定。

针对这种类型的人，我们要探寻他为什么不做决定，阻止他做决定的因素到底是什么，他真实抗拒的理由是什么。探寻清楚了，我们才能够对症下药。

有些时候，我们要用探测的方法去探寻。比如说，先问他是不是觉得产品太贵，客户如果真是觉得太贵的话，他会表露出来；如果不是因为贵的问题，他会否定。接着，我们继续推测其他原因，问他，是不是担心售后没有保障？客户再否定的话，我们接着问，是不是觉得效果不行？

这样，问一圈，如果客户都一直说不是不是，那最后可以说明，既然所有的问题都不是真正担心的，那还需要考虑什么呢？

在这样一种问话的攻势之下，客户一般情况下都会敞开心扉，让我们知道他真正关心的问题是什么。只要能弄清楚客户的真正问题，就可以想办法解决这些问题。

第六种类型，自我炫耀型。

针对自我炫耀型这种吃捧型的客户，我们可以赞美他的眼光，比如这么说："您的眼光真独到，我发现您转了一圈，还是来到这儿，这款产品确实是我们这儿最具特色的一款，并且这款产品曾经上过什么大赛，拿过什么奖项，像您这种有品位的人过来，基本上第一选择都会是它。"

我们这样把他的眼光独到性一塑造，他心里一高兴，就有可能给我们下单了。

第七种类型，沉着老练型。

针对沉着老练型客户，我们要表现得特别有礼貌，特别稳重，并且特别自信，想办法用这样的一种姿态去介绍产品，并且拿出自己的职业范儿以及专业性。

因为这种类型的人，他什么世道都见过。他看一眼就知道我们到底够不够专业，靠不靠谱，够不够稳重，这是他参考的主要指标。

第八种类型，善于比较型。

针对这种喜欢货比三家、喜欢比来比去的客户，我们最有效的方法，就是给他提供更多维度的可供对方参考比较的客观数据，让他通过这些数据去得出结论，并且进行自我说服。

当然，我们提供数据的时候也是有技巧的。我们要提供一些更有利于推测出我们优势功能的数据，这样的话，他看完所有的参数数据之后，有可能就做决定了。

第九种类型，等下次型。

有些人当时做不了决定，老想着以后再说，下次过来再买。针对这种类型的人，我们要明确我们产品的稀缺性，制造一种有可能会错过的紧迫感。

我们要通过限时间、限名额、限先后、限特权等限制性原则，让他们感觉到今天是最后的、最好的、唯一的机会。我们通过这种稀缺性以及限制性的使用，让他们有紧迫感了，就可以这么说："你今天即使没有带够钱，也可以先交个定金，先占住这个名额，卡位住你的特权。"

这样，留住对方的定金和联系方式，基本上也就留住了对方的全部决策。

总结

希望这九种类型的客户的讲解，能够帮助你针对不同类型的客户，有针对性地去有效成交。

最后，让我们再回顾一下这九种类型的客户，分别是犹豫不决型、牢骚抱怨型、傲慢挑剔型、斤斤计较型、不直接拒绝型、自我炫耀型、沉着老练型、善于比较型和等下次型。

如何面对理智型的客户

销售中,遇到理智的客户,是不是觉得特别不好搞定呢?送你三条建议,让你面对理智的客户,也可以快速提高自己的成交率。

在说这三条建议之前,我们不妨先了解一下什么是理智型客户,他们都有什么样的特点。我们了解了他的特点,才能做到对症下药。

理智型客户一般有四个特点。

一、理性强,文化程度高,智商高,不容易冲动。

二、需求明确,目标感强。

三、有自己的独立主见。

四、特别在乎利益,利益导向,结果导向。

图 7-2　理智型客户的四个特点

第一个特点是,这类客户往往理性超强,文化程度很高,智商很高,不是那么容易冲动。

第二个特点是,他们需求非常明确,目标感很强。

第三个特点是,他们有自己的独立主见,很多时候,我们很难拿自己的一套理论,去影响到他的理论。

第四个特点是,他们特别在乎利益,是一类利益导向型、结果导向型的人。

下面介绍应对理智型客户的三条建议。

一、多倾听，用同等价值观的方式聊天，了解他的需求和顾虑。

二、多讲事实，多讲逻辑，多分析案例。

三、让客户自己做决定。

图 7-3　应对理智型客户的三条建议

一、多倾听，多用同等价值观的方式与他聊天，了解他的需求，了解他会有哪些担心和顾虑。

对理智型客户，我们不要总是很激动地向他描绘愿景，给他描绘未来可能会有多大的想象空间。不要描绘这些东西，因为他不愿意听，他要的是实实在在的、是现在拿来就能享受到什么样好处的东西。

所以，我们不妨给他表现出很务实的、很理性的价值观，不要太废话，要一针见血，让他觉得我们是一个干净利落的人。

我们要表现出同步的价值观，并且在与他闲聊的过程中，了解他到底有什么明确的诉求，以及有哪些顾虑和担心。

二、多讲事实，多讲逻辑，多分析案例。

理智型客户，他特别相信自己有逻辑推理能力，他往往不太喜欢听别人给他讲道理，反而更在意的是，你摆了什么样的事实，或者基于什么样的事实推理出什么样的结论。

所以，我们不妨讲我们这款产品的特性、特质，因为这样的特性、特质而具备什么样的优点，具备什么样的特效，能够起到什么样的功能和作用，最后能够保证他得到什么样的利益，等等。

我们这样去讲，理智型客户更愿意听，也更能够听得懂。因为，他是理智型客户，而不是那种感性客户，他听得出我们说话的一条逻辑线。

我们具体怎么和理智型客户说呢？不妨掌握 FAB 法则并多去使用。

F → Feature：属性
即产品所包含的客观现实，所具有的属性。

A → Advantage：作用
我们的产品的优点，能够给顾客带来的用处。

B → Benefit：益处
就是给客户带来的利益。

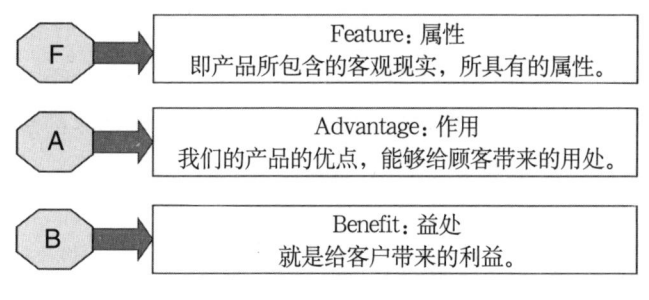

图 7-4　什么是 FAB 法则？

什么是 FAB 法则？

F，Feature，代表产品的特性；A，Advantage，代表产品的优势；B，Benefit，代表产品能够给客户带来的利益。

应用 FAB 法则，我们可以经常这样讲："因为我们产品有什么样的特性，所以我们具备什么样的优势；因为我们有什么样的优势，所以意味着我们能够满足您什么样的需求。"

这样说，理智型客户更能听得懂。

同时，我们也要多分析案例。对理智型客户而言，最重要的就是让他看到你们过往的成功案例、过往的事实数据。他会根据这些事实数据，推理出他想要的结论，相当于你只需要提供足够能证明你们的产品优秀的事实数据，他就会说服自己。

因为事实不会骗人，事实胜于雄辩，我们不需要自己在那儿自圆其说，让他进行自我证明。

三、让客户自己做决定。

因为理智型的人相信自己有判断力，他相信自己有逻辑推理能力，他相信自己没那么傻，没那么感性，所以，我们不要替他做决定，让他自己做决定。

还是那句话，我们要提供足够多的数据、足够多的事实，并提供我们的逻辑线，最后让他自己去做推理就行。

总结

大家要记住，我们千万不要试图用自己特别感性的、热情的、激励的一面，去影响理智型客户的决定。因为，理智型用户的特点是在乎利益、有独立主见、有较高文化程度，并且他们的目标非常明确。

一般情况下，理智型用户不那么容易被我们的感性所感染，我们需要以上文提到的三条建议，来应对理智型客户。

如何跟非常强势的狮子型大老板打交道

做销售怎么成交大订单呢？下面和大家聊聊，针对理性、强势且注重效率的狮子型老板，我们该如何与他成交。

在说具体应对之道之前，我们首先还是要了解这类老板到底有什么特点，有什么喜好，有什么兴奋点，有什么缺点，只有你了解他的特点，懂了他，才能对症下药与他成交。

一、特点：理性、强势、注重效率和结果。

二、喜好：工作狂，喜欢变革。

三、兴奋点：行动派，微观务实。

四、缺点：缺乏耐心、咄咄逼人、苛刻。

图 7–5　狮子型老板的特征

一、特点。

狮子型老板一般被别人认为是天生的领导者，都是那种精力充沛，并且既理性又强势，还特别注重效率和结果的人。所以，我们跟这一类老板打交道，往往会比较有压力，因为他对过程、结果要求的苛刻程度，往往大过其他类型的领导。

二、喜好。

狮子型老板是典型的工作狂，我们在他面前，不要表现出浪漫和生活化，这些在他眼里就是不务正业。他所有的一切、人生所有的意义，几乎都在工作上，他在工作中能找到快感和成就感。所以，我们要想得到他的欣赏，就要在这方面跟他有同频的风格。

另外，狮子型老板特别喜欢变革，他经常会提出来一些变革性的、创新型的要求或者政策，在他的人生格言里一般都有这样一句话：世界唯一不变的就是变化。

所以，我们在他面前越墨守成规，就越不容易受到重用。

三、兴奋点。

从兴奋点上来说，他是一个行动派，他特别喜欢那些经常跟他谈具体执行计划，谈已经开始落实的言论以及人。他往往会在行动和结果上比较关注，不会听我们说太多其他的，跟他谈再多的想法，跟他画大饼，跟他谈长远的规划，他都不感兴趣。他更感兴趣的是我们现在已经做了什么，他只看事实而不看言论。

狮子型老板是非常务实的一派，跟孔雀型领导刚好相反，孔雀型领导偏务虚，狮子型老板偏微观务实。

四、缺点。

狮子型老板的缺点是缺乏耐心，一般人跟他一起工作，压力会比较大。他会有一种咄咄逼人的态势，他对结果的要求以及进程的加速往往是比较苛刻的。

英特尔前CEO格鲁夫对英特尔员工的要求是"再快都不过分"，跟这种领导配合会比较有压力，因为他往往对速度、效率和结果的要求相对比较极致、比较严苛，他很少能够有耐心，甚至没有耐心的时候会直接破口大骂。

如何与狮子型老板打交道？

以上是狮子型老板的特点、喜好、兴奋点和缺点，知道了这些，我们到底该如何跟他相处呢？或者是如何去搞定他和我们成交呢？这里送你三个关键词：一是不概念，二是少关系，三是多选择。

一、不概念。

不概念就是我们跟这种领导谈合作，不要老跟他谈新概念，不要老跟他谈宏观，不要老跟他谈趋势等，这些东西他听不进去。他想听实实在在有什么，他想听我们是怎么做的，他想听我们的进程准备怎么去安排，他想听阶段性要拿回什么样的结果，给他什么样的保障。

所以，我们要跟他谈具体细节，不要谈概念性的务虚的东西。

二、少关系。

所谓少关系，就是不要老跟狮子型老板套近乎，跟他套近乎没用，这类老板本身就是偏冰冷、高冷范儿。可能有这样一种场景，我们第一次拜访他的时候，他上来就说："赶紧说吧，我十分钟之后还有个会。"

狮子型老板没有那么多的耐心，我们不用跟他套近乎，他对人情味这方面不在意，他自己就没有太多的人情味。我们跟他套近乎多了，可能反而让他觉得我们另有所图，觉得我们务虚，他觉得我们跟他不匹配。

三、多选择。

我们一定要让狮子型老板觉得，我们是做过准备的，我们绝对能万无一失地保障对他承诺的结果。

所以，我们要有多种备案、多种选择，让他在这多种备案、多种选择中看到我们的专业性，看到我们的靠谱性，看到我们的谨慎度。只有这样，他才更有可能跟我们合作。

如何跟完美主义的猫头鹰型老板打交道

做销售怎么成交大订单呢？下面我针对完美主义的猫头鹰型老板，谈谈怎么与他成交。

在这之前，我们不妨先了解一下这种老板有什么特点、有什么喜好、有什么兴奋点、有什么缺点，只有了解了他，才能与他达成交易。

一、特点。

一般来说，这类老板都不苟言笑，也不喜欢我们跟他套近乎。他务实，不喜欢务虚那一套。他只参考数据，只参考这个底层原理科不科学，只参考事实，也非常注重事实。同时，他们非常习惯推理和分析我们给他的任何一种表现。任何一种材料，他都会想办法给我们进行一番推演。

所以，猫头鹰型老板的推理逻辑性非常强，思路也非常严谨，这就是他的特点。

二、喜好。

这类老板其实就喜欢推理，喜欢逻辑，他们用自己的判断得出来一种结论，不喜欢听别人给他讲结论。

他喜欢我们跟他讲这源于什么依据，源于什么样的科学原理。但是，不要跟他说这些产品到底有多好，到底是怎样一个好法，他会听不进去，他会用自己的推理方式推理出结论。

三、兴奋点。

猫头鹰型老板听到什么会比较兴奋呢？他们在我们揭晓方案、技术、产品的底层逻辑的时候，在我们给他讲底层道理、底层原理的时候，会比较兴奋。

猫头鹰型老板本身就是个精明人，我们要相对比较专业一些，要多做一些专业性的准备工作，显得更有职业范儿一些。

四、缺点。

这类老板凡事要求太过苛刻，要求太完美，如果我们要跟着这种领导打工的话，会极有压力。为什么？因为他很少会鼓励人，基本上不挑毛病就很不错，就是最大的鼓励了。

所以，如果销售员想搞定他，千万不要在他面前犯错误，尤其是低级错误。

那么,在了解了猫头鹰型老板的特点、喜好、兴奋点、缺点之后,下面有针对性地介绍与这类老板地三个成交之道。

一、千万不要犯低级错误。

二、原理性、科学依据能力、逻辑性要很强。

三、沟通过程中千万不要聊闲天。

图7-6 针对猫头鹰型老板的三个成交之道

一、千万不要犯低级错误。

尤其是我们给他递交的文字性材料,这些全都是证据。这些材料要求务必严谨,千万不要犯低级错误。否则的话,一旦这种文字性材料都能够出现低级错误,他就会推演,这么重要的事都会出现这些低级错误,然后,他往往会把你以及你这家公司,甚至你的团队风格往更负面去想。

这类型的老板特别容易往负面去想,因为他是完美主义者,他很难去想你好,也很难去鼓励你。

二、原理性、科学依据能力、逻辑性要很强。

换句话说就是,我们要显得够专业,对产品与方案的底层原理方面必须比较清楚。只有这样,他们才会觉得我们是能同频的对手,才能够听进去我们说的话。否则,他问个问题,你都回答不上来,或者答得非常肤浅、非常表面、非常宏观、非常概念化、非常务虚，他就会觉得我们根本入不了他的法眼，于是，他就撤了。

所以，我们要有一定的底层逻辑的能力，然后给他去拆解。同时，我们要清楚底层逻辑是什么，我们的设计理念是什么；我们的优秀是源于什么样的科学的原理，我们做了什么样的实验，我们遵循什么样的一种心理学效应；等等。

三、沟通过程中千万不要聊闲天。

如果我们跟他聊那些有的没的，会让他觉得是在浪费时间。这类老板一般都非常在乎效率，也非常在乎事实。他很不喜欢跟你搞什么关系，他只尊重客观事实。

他们是很没有人情味的，我们要在细节上注意，要给他们留下更好的第一印象。并且，细节上要体现得相对比较完美，因为，他们会通过一个细节上的完美精细程度来推演，我们公司做事还是可以的，能够把这件事做好。这几道程序，经过这么多工艺，采用这样一种原材料，看来我们公司还是舍得在这上面花成本的。

所以，我们要善于给他展示细节的完美性，他只会对比较微观的东西感兴趣，所以你就要善用微观、善用细节跟他打交道。

如何跟善于社交的孔雀型老板轻松实现成交

做销售怎么成交大订单呢？本章我针对非常健谈并善于社交的孔雀型老板，谈谈怎么跟他成交。

在说具体的成交方法之前，我们不妨先了解一下这类型的老板到底有什么特点，有什么喜好，有什么兴奋点，有什么缺点。只有了解了他，才能对症下药地搞定他。

> 一、特点：健谈、擅长表达、爱开玩笑。
>
> 二、喜好：被关注、被赞美、被认可。
>
> 三、兴奋点：容易迸发新想法、新点子。
>
> 四、缺点：在乎自己的感受，三分钟热度。

图 7-7　孔雀型老板的特征

一、特点。

孔雀型老板往往像个演员,特别健谈,特别擅长表达,特别爱开玩笑。如果是饭局或聚会的话,有这么一个人坐着,气氛肯定非常活跃。

二、喜好。

孔雀型老板是一个社交属性的领导,他特别爱发挥,特别好为人师,特别喜欢引起大家的关注,赢得大家积极的赞美和反馈。所以,他喜欢被关注,喜欢被赞美,喜欢被认可,抓住他的这些特点,就知道该怎么应对了。

三、兴奋点。

这类人特别容易迸发出一些新的想法、一些好的点子。当他想到一个好的新点子的时候,就开始畅所欲言地跟大家谈自己的所思所想,谈完之后还希望看到我们那种渴望倾听的眼神以及积极的正面反馈。如果我们抓住他这个喜好,其实就是抓住了他的兴奋点。

如果我们用一种句式"按刚才您说的,我想到一个什么样的新点子",特别容易让他有感觉,因为他本身就比较容易在这个点上兴奋。如果我们基于他刚才所谈到的,想到了什么样的新点子,就会让他同频。

四、缺点。

孔雀型老板因为太过健谈,所以难免会忽略一些人内在的感受,因为他太在乎自己内在的感受,所以有些时候一谈,就刹不住车、停不下来。

另外,孔雀型老板容易三分钟热度,他的跳跃性比较强,正在这方面讲得热火朝天的,一会儿又到一个新的点子上大谈特谈。成交的时候,他比较容易受别的新点子干扰,他一会儿又想到一个什么新想法,要求回头再想想,甚至也会给我们提出新方案。

所以,孔雀型老板容易被新点子、新想法、新的兴奋点所带走。

我们了解了孔雀型老板的特点、喜好、兴奋点以及缺点之后,应该怎样应对呢?送你四条应对方案。

一、嘴巴甜一点。

二、少麻烦。

三、先交朋友,再谈事情。

四、善提问,善请教。

图 7-8　如何应对孔雀型老板

一、嘴巴甜一点。

我们要想办法让自己的嘴巴甜一点，要善于抓住孔雀型老板某些具体的细节，然后去夸他、请教他，让他找到优越感，让他在我们面前有满足的感觉。

我们要善于夸奖、善于赞美，如果在夸奖、赞美这方面没有掌握具体的技巧，可以去订阅卢老师的专栏，也可以翻一翻卢老师在销售以及说话之道方面的专栏。这些专栏里曾经专门教过大家如何先否定再肯定、似否定实肯定、冷门期待的赞美法，如何具体而细微地让对方感受到你的真诚等，有很多的赞美之道。

二、少麻烦。

我们千万不要让孔雀型老板听具体的实操细节，他没有这份耐心，并且他往往是三分钟热度，只对某个大点的概念比较感兴趣，所以我们跟他谈就得偏宏观而不能太微观，不能让他卷入对细节、对烦琐流程等的关注，他在这方面一点都不感冒。

我们要以这样一种口吻说："行，有张总您首肯，我心里就放心了。剩下的事您就甭管了，我跟您手下小刘对接。"

我们这么说，就叫会说话，针对这类老板，他就特别受用。

三、先交朋友，再谈事情。

孔雀型老板这类人相对比较感性，他非常注重情感上的交流，有些时候让人感觉他比较务虚。那好，正因为他务虚，我们也就先跟他务虚一把，先拉拉感情，拉拉家常，想办法让他觉得我们跟他心理距离很近，最后我们再过渡到具体的事情，那就问题不大了。

四、善提问，善请教。

我们要想办法让他多表达，以掌握更多的信息，从而更容易引导他成交，最终实现我们想要的结果。

这类老板，只要我们拿出来提问请教并且抱有非常虔诚倾听的姿态，他就特别愿意给我们多说一些。等他说多了，他就不仅心情爽了，也更容易做决策。因为人在进入正面情绪的时候，特别容易在决定上受我们的影响。

遇到谨慎的绵羊型领导,如何跟他打交道

做销售怎么成交大订单呢?下面我和大家聊聊,针对谨慎、慢热、保守型的绵羊型领导,我们该如何与他成交。

在说与绵羊型领导成交应对之道之前,我们首先还是要了解这种绵羊型领导有什么特点、喜好、兴奋点以及缺点。只有了解了他,才能对症下药搞定他,从而最终实现成交。

一、特点:谨慎,不求有功,但求无过。

二、喜好:稳定,稳中求进。

三、兴奋点:程序、步骤、见证。

四、缺点:保守、墨守成规。

图 7-9 绵羊型领导的特征

一、特点。

绵羊型领导往往更谨慎一些,他不求有功,但求无过。这类老板往往会有些不作为,他不是那么着急,不像狮子型领导对成就动机高,而是往往觉得结果不重要,重要的是一定要和谐,一定要稳定。

所以,我们跟绵羊型领导相处,会觉得没有太大的压力。他特别适合生活,却不太适合创业。

另外,绵羊型领导往往比较有礼貌,温文尔雅,不紧不慢,所以我们跟他相处起来根本感受不到什么压力。

二、喜好。

绵羊型领导的喜好就是稳定,一定要稳中求进。如果失去了稳定,失去了节奏感,他一旦觉得失控了,就绝对不会跟我们合作。

所以,我们一定要让他觉得,一切事都尽在掌握之中,绝对不会出任何问题,我们提供的是零风险型的方案或产品。

三、兴奋点。

绵羊型领导哪些方面比较容易兴奋呢?

我们跟他谈这件事在用什么程序,在用什么步骤执行,他对这些会比较兴奋。比如告诉他,我们第一步会怎么样,第二步、第三步会怎么样,当我们规划得非常具体详细,且制度方面又非常严谨时,以及我们得过什么认证等,这些,就特别容易让他兴奋。

另外，比较容易让他兴奋的还有，我们已经服务过多少客户，我们见到成效的成功案例，这样的话会让他找到安全感。他会觉得，过去我们已经有那么多的成功案例，他跟我们合作大概也不会太差。

四、缺点。

绵羊型领导的缺点是比较保守，比较墨守成规，有些时候，他不太容易跟我们快速签单。所以我们要有耐心，要想办法跟他处朋友，泡的时间久了，慢慢就掌握了他的节奏了，在他兴奋的时候，开关也就容易打开了。

以上是绵羊型领导的特点、喜好、兴奋点和缺点，知道了这些，我们到底该如何跟他相处呢？或者是如何去搞定他和我们成交呢？接下来，我针对以下三点，谈一谈对绵羊型领导的成交之道。

| 一、不要缺乏耐心。 |
| 二、善于使用步骤性、程序性的沟通方式。 |
| 三、多准备成功案例。 |

图 7-10　如何与绵羊型领导打交道

一、不要缺乏耐心。

绵羊型领导属于慢热型,他不着急,也没有那么强烈的成就动机,他不求有功,但求无过。所以,面对绵羊型领导,我们要想办法跟他打持久战,而不是攻坚战、闪电战,这需要有耐心,我们要想办法靠时间来赢得他。

二、善于使用步骤性、程序性的沟通方式。

刚才提到,绵羊型领导的兴奋点是步骤性与程序性,我们与他沟通,要善于和经常使用步骤性、程序性的沟通方式。

比如说:我们售后准备第一步做什么,第二步、第三步做什么,我们做到哪些,按科学的分析,会见到什么样的成效;对于这件事,我们做了几个备案,第一个是什么,第二个、第三个是什么;等等。

这就是步骤性、程序性沟通,这种沟通方式会让他比较有安全感。

三、多准备成功案例。

我们一定要多准备成功案例,多准备客户见证,尤其是绵羊型领导相对比较熟悉,或相对比较敬畏的权威型的成功案例。

我们将这些成功案例准备到位,从不同的维度跟他谈,他认识的某某熟人已经用上我们的方案,已经得到哪些改变。

我们可以和他谈我们认识的某些权威、某些知名人士、某些知名合作单位跟我们联合搞了什么样的活动,成为我们品牌的战略合作伙伴，等等。

这些更容易打动他，因为这些成功案例会让他觉得跟我们合作之后，用上我们的方案，没有那么高的风险，毕竟有那么多人托着，即使有风险，也不是他一家的风险。

总结

我们了解了绵羊型领导的特点、喜好、兴奋点和缺点，再用以上三种方法和他沟通，会更容易打动他，更容易说到他心坎里，让他即使慢节奏，也更容易跟我们成交。

所以，与这类人打交道，千万不要着急。我们要拿出自己的耐心，要善于用成功案例降低他的风险感，要善用步骤性、程序性沟通的方式进行沟通。

如何拿下生性多疑、总爱"挑刺"的顾客

销售中,遇到多疑型顾客总是挑刺怎么办呢?如何让多疑的人也可以轻松成交呢?下面介绍三条建议。

在说这三条建议之前,我们不妨先了解一下多疑之人到底有哪些特点与特征。我把他们的特点与特征总结为三点。

图 7–11　多疑之人的三点特征

一、生性多疑又超级自信。

他怀疑一切主观的东西，一切由我们嘴里说出来的，他觉得都值得怀疑。无论说得多好，无论我们表现得多么激动、多么有状态，他都会打一个问号。

他不仅怀疑我们产品的质量和效果，怀疑售后的服务，他甚至还会怀疑我们的人格和企图心。

二、依赖眼见为实的客观。

多疑的人特别愿意服从于那些自己感受得到、摸得到、看得到的事实，所以我们在他面前不要老显得自己特别能说，反而是不要那么能说，我们不断地给他摆出各种案例，倒是最容易拿下他。

三、回应经常很敷衍。

多疑的人回复别人时，喜欢说"哦、嗯、是吗、啊"，等等。他回应的话经常都是短句。为什么是短句呢？因为他用短句的方式，在营造自己一个强势的气场，并且在刺激别人说出更多的信息。

以上为多疑的人的三个特点，那么，我们针对这些特点，如何去有效地搞定他呢？以下就是我要送给你的三条建议。

一、多问、多听、多记录。

这个建议的重点是，我们不多说，鼓励多疑的人多说，让他说出自己的顾虑，说出自己在意的问题，以及为什么那么在意这个问题，比如是不是过去有过不愉快的经历。

另外，我们还需要询问他现在还有什么样的问题，还有什么样的担忧。让他说出来的越多，就越容易把握他们问题的主次，就知道这一串问题到底哪个是"线头"，把这"线头"解决了，那么这一串问题也就迎刃而解了。

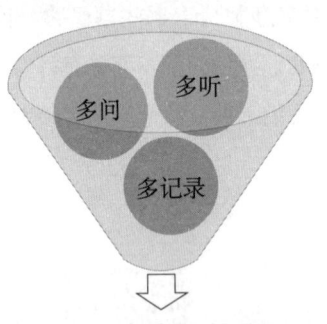

图 7-12　鼓励多疑的人多说

二、捧他的专业性。

一般生性多疑的人，往往会觉得自己对本行业很了解、很专业，觉得自己不那么容易被骗，他内心还往往是有一些小傲骨的。所以，针对这类顾客，我们就要多赞美他、多认同他、多迎合他，把他先架起来。他被架起来之后，就不那么容易质疑、打击拒绝了，从而我们就可以顺势证明自己的优势和价值。

比如，可以这么说："一听你这口吻，就可以发现你对我们这个行业真是了解得够透彻的，能提出这个概念，相信你比我们的销售都专业，所以你在我们这行业也算是专家级的人物了，我在你面前就别班门弄斧了。"

这样说话就是把他架起来，架起来之后他很高兴，顺势我们就可以证明自己的优势和价值。

比如说："像您对我们行业那么了解，您一定知道我们很多同行不舍得用这个材料，为什么呢？因为这个原材料是进口的，非常昂贵并且保值性很高。那为什么我们舍得投资，舍得一直用这种材料给我们的用户呢？是因为希望我们的用户使用我们产品能够用得更久一些，产品的使用寿命更长一些。我们在意的是我们产品的质量、口碑和售后服务。"

这样说完，多疑的人一般会点头认可，觉得我们确实不错。而我们把他架起来了，他也不得不认同，就算他不懂这个材料，他也会认同。

有些时候，我们可以简单地做一些专业性的说明，并直接和他说，这个你懂的，在这方面你是专家。

其实他们不见得懂，但是听完了之后就觉得，我们确实够实在，也确实够专业。

三、专业展示，海量见证。

生性多疑的人只相信自己的眼睛，他相信"眼见为实"。这时，我们要专业地去展示，并且提供海量客户见证的证明。

专业的产品展示让他说不出反话（因为他挑不出毛病），并且可无死角给他展示各种优势。

我们还可以提供更多的、各种维度的客户见证，比如老客户见证、权威的见证，等等。某些社会名流使用了我们的产品，产品上过央视或者某些官方媒体报道过，这些都可以拿来说。对客户表示："这多种维度的客户见证，不是我说好，你自己看，全都是官方报道，全都是官方证明，全都是官方的红头文件，支持我们的产品，这儿还有老客户一字一笔写的感谢信，等等。"

总结

最后，我相信，针对生性多疑的客户，只要我们用好这三招，一定可以让他挑不出任何的毛病，乖乖地交钱付款。

这三招是多问、多听、多记录；捧他的专业性；以及专业展示，海量见证。

如何发现高附加值客户，让他们直接按原价购买

在销售过程中，说服顾客的方法有很多，光靠技巧是不行的。若想成功地说服顾客，还得善于观察顾客，认真地思考，从而灵活地应对。所以，我们要学会观察顾客，以判断哪种顾客最容易被我们说服。一般情况下，哪种顾客容易被我们说服，会直接按原价购买呢？主要有以下五种：

第一种：有需求想买又着急要走的人。

比如有人在我们的商店里一直逛，左看看、右看看，在那儿挑挑拣拣。同时他又接到了电话，一会儿可能要开会，或者是有人着急要见他，或者一会儿要接孩子。这种顾客如果砍价，我们不用让步，也能原价成交。因为如果他不需要，就不会在那儿挑挑拣拣；他在那儿挑挑拣拣，就证明他有需要，他想买。并且

他现在根本没有时间优势，他有时间优势的话，他还能跟我们磨叽一下，或者他去旁边商店看一看。他现在没有时间优势，我们根本不必让步。他肯定会成交，因为他得给自己一个交代，或者是给下一步一个交代。

第二种：有明确目标直奔货架或反复查看产品的人。

这类客户跟我们讲价，我们也不必让价，百分之百原价成交。

这类客户典型的就是，他早就有这方面的目标，通过网上或者通过其他地方早已经查看过了，他就是要买这个东西。既然我们都已经看出来他要买的心理了，为什么还要跟他让步呢？他也许以前就是在等待一个时机，可是现在他可能时机等不了了，他必须要，不得不买了。所以这种情况也不必让步，可以原价成交。

第三种：慕名而来对我们品牌很认可的人。

这类顾客，我们不必跟他让步，也能原价成交。他也许过去本身就用我们家产品，觉得挺好的。无论是他认可我们的性价比，还是认可我们的企业文化，或是设计风格，反正作为一个老客户，他已经得到了好处实惠。他如果再给我们讲价，其实我们也大可不必跟他让步。因为他已经养成了这种消费习惯，换了别家，他也适应不了。要么是认可我们的质量了，要么是认可我们的性价比了，要么是认可我们的品牌或者某种风格了，要么是认可我们那个店长了，他已经习惯了。我们不让步，他照样还会习惯性购买。

第四种：在某项产品上舍得付出代价的人。

这类人我们也不必跟他让步。比如说他冲到我们店里反复试穿同一套服装，既然他在反复试穿，就说明他其实内心就是喜欢的，他可能对某些细节有那么一些纠结。但是他试穿这么长时间，付出了时间成本，他是不会让自己的时间成本白白付出的。所以有些时候越让顾客在某方面付出一些代价，他越容易在某方面坚持自己的选择。

第五种：对某项产品明显有欣喜表现的人。

比如说他拿到了我们的商品之后欣喜若狂，或者爱不释手，或者有那种"终于找到它了"的感觉，这就是一种明显的正面暗示。就像一个人喜欢另一个人，他不会很注意看这个人的缺点，而看到的全都是优点。当顾客喜欢上你的一款产品也是一样，即使有点小瑕疵，即使价格稍微昂贵一些，他也不会计较的。所以他跟我们砍价也大可不必让步，最后他还是会原价购买的。

如何把东西卖给熟人还不招人讨厌

如何把东西卖给熟人还不招人讨厌呢？送你四招。在说这四招之前，我们首先还是要了解一下把东西卖给熟人的优势以及相应的问题。

为什么要把东西卖给熟人呢？从优势的角度来说：一是我们跟熟人之间本身有信任感，更容易推荐成功；二是我们对熟人更了解，更容易挖掘他的需求，提高成交效率。

但是，把东西卖给熟人会存在问题。有些熟人他总是会猜忌，会觉得我们赚他钱了。即使我们已经给他优惠到最低的友情价了，他还是不领情。

依我看，熟人不领情，这都是我们没把话说透而导致的。那么，我们怎么把话说透才能够让他领情，让他感激我们呢？看下面四招。

一、说透价格。

我们给熟人可以优惠，但是必须让他知道我们给他优惠了。

比如告诉他，这个东西市场价是多少，可以给他看市场的链接，一些官方链接，看看同样的产品是多少钱。也可以给他看我们自己官网上是多少钱，我们的微信收款上收多少钱。向他表明，今天就给他走一个人情价、优惠价。

也就是说，我们给熟人优惠多少，必须得让他知道，让他知道了，他才会感激我们。

当然，我们也可以告诉他，给了他优惠之后，也照顾了自己的成本，说实话在里边我还有一点利润。甚至可以明确告诉熟人，我们赚了他多少钱。这样，熟人也会很乐意，因为我们让他得到了优惠，他必然花这份钱；但从我们这儿花得更少，我们帮他省钱了。

二、侧重说明缺点而不是优点。

为了减少和熟人之间后期的麻烦，我们要侧重说明产品或服务的缺点而不是说明优点。

比如我们给熟人推荐方案的时候，可以把不同的方案优缺点都给他分析一下，多提供一些信息资讯让他自己做决策。我们这样做的目的，就是让他不要觉得我们目的性强，不要让他觉得我们好像有什么企图心，让他觉得我们是为他好。

提供更多的资讯之后，熟人会减少很多的猜疑。所以，我们要特别真诚地给他说明，这款产品的缺点在哪里。

我们可以告诉他平常在市面上是不可能讲得那么透彻的，但是都是自己兄弟，我直接告诉他到底有什么样的缺点。我越这样说，越会让熟人觉得我们靠谱，同时也可以防止后期出了问题之后他有情绪，过来找我们麻烦。

三、善于佐证品质。

我们必须让熟人认识到给他推荐的是好货。

比如熟人问："我听说你们同行提供的东西跟你们差不多，好像比你们还便宜，你是不是给我报错价了？"

其实熟人说这话呢，就是很委婉地在告诉我们，他觉得我们多赚他的钱了。在这种情况下，我们可以这么回应："这东西不一样，行行有行行的道道，你不懂我们这行，我给你推荐的是我们这方面的精品。我们是亲戚，我们是朋友，我不可能在这里这个点上去赚你钱，去蒙骗你，因为我们以后相处的时间还长着呢。这个产品，因为我们采用了什么样的做工，采用了什么样的材料，它和你说的那家不一样，它未来的使用寿命更长，品质也更好。"

这样跟熟人说完之后，我们还要举一些例子，最好是举他熟知的其他朋友的例子。比如这么说："你熟悉我们另外一个朋友某某某吧，他当时就用我这个产品，还有我们一个老同学，当时用的是同行的那个，后来他们发现这两个东西完全不一样，使用寿命、品质也完全不一样。"

当然，我们也可以举自己的例子："这东西如果不好的话，我不可能自用。你看我家里，我自己都在用，并且我用上它之后，已经发生了什么样的改变。"

这就是佐证品质的思路，先理解一下熟人，表示他提的这方面我们也懂，但是他根本不懂我们这行，行行有行行的道道，同时，把他们引导到客户见证，尤其是他们熟悉的或者是我们自己的客户见证，去佐证这个东西确实跟其他的不一样。

四、代收费用。

我们可以弱化跟熟人朋友之间的金钱关系，我们之间不直接过钱，钱的事交由第三方帮我们代收。这样的话，既能维持住和朋友之间的感情关系，也能实现我们最后的交易目的。

有些人与熟人做生意特别担心，觉得跟朋友之间直接过钱，直接做生意，影响朋友对自己的看法，挺不值得。针对这种情况，最折中的方案就是想办法找到共同的朋友代收，或者找到我们的同事、我们的小弟、我们公司的某某负责人进行代收，再或者给熟人一个公司网店的链接。这些，都是曲线救国的方法。

比如，我们可以跟他推荐："这是我们公司负责人小刘，小刘在这方面挺专业的，他可以给你定制你最需要的方案。我已经给小刘打过招呼了，就按我们公司的出厂价，或者按我们公司的VIP折扣价，一定是最低的。"

这样，我们给了熟人一种感觉，他也会特别感激，我们的感情关系还可以继续延续。

一、必须给熟人优惠。

二、必须是熟人需要的。

三、产品要很实用。

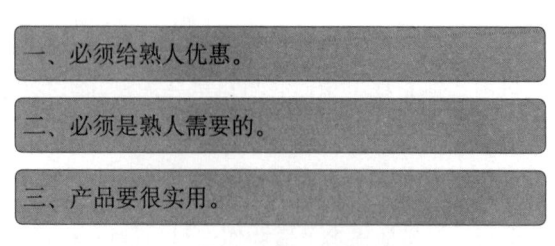

图 7-13　做熟人的生意要做到的三点

总结

要把东西卖给熟人，以上四招都可采用。但不管使用哪招，我们做熟人的生意，一定不要杀熟！我们一定要做到以下三点：

一、折扣是必须有的，必须给熟人优惠。

二、必须是熟人需要的，我们不推荐熟人不需要的东西。

三、产品要很实用，换句话说，就是结合熟人的需求，我们能针对性地解决问题，带来效果。

做到以上三点，熟人从我们这里拿到了价格上的实惠，又得到结果上的好处，他一定会帮我们口碑传播。这样的话，在我们的朋友圈既维持住了自己做人的信誉，又维持住了自己做生意的信誉，生意也可以更裂变传播，何乐而不为呢？

团队管理：凝聚正能量，创造超凡业绩

树立信念：销售，关系到每个人的幸福

  有很多人觉得做销售是求人，没面子，并且收入没保障。一般人这样想也就罢了，但如果销售人员自己也这样想，那一定是因为这位销售还不太会做销售。

  如果善于做销售，随时随地张口就能来钱，怎么叫没保障呢？通过销售能力帮别人解决问题，满足别人的需求，这种随时随地的被需要感，怎么叫没面子呢？

  事实上，很多人做不好销售，都源于他对销售的理解不到位，我们先看人们不愿意做销售的三点原因。

一、觉得做销售收入不稳定，没保障。

二、觉得做销售是求人，没面子。

三、觉得自己的职业与销售无关。

图 8-1　不愿意做销售的三点原因

一、觉得做销售收入不稳定，没保障。

销售张口就能来钱，随时随地都能销售自己，都能够把别人的钱收回来，帮别人去解决问题，这是最有保障的事。

二、觉得做销售是求人，没面子。

谁说销售必须低三下四地去求人呢？

我从开始上大学，就没再向家里要过一分钱。我干的全都是校园代理的工作，卖各种各样的产品，电话卡、保险、培训课程、电子产品等。我卖自己调研过的货真价实的东西，值这个钱，赚提成佣金是应该的。如果连这点底气都没有，那就干脆别做销售了。所以，做销售，不要觉得是低三下四求人的事，而是在帮人。

我上大学时就是销售出身，从一对一销售过渡到一对多销售。我开始做一对多销售型演讲，很多的企业因为我销售型演讲的成交率比较高，专门请我替他们企业去做相应的推广，但我不是什么样的企业都接单。比如有些游戏企业、保健品企业，我就从来不接。为什么？因为我觉得这些企业有可能会影响我的声誉。我去接单的时候，一定是对他们进行过考察了。我觉得这个东西确实能赋能很多人，帮助很多人，我觉得这很不错。这样，我的状态让我站到台上那一刻就已经赢了。

所以，做销售不是求人的事，而是我给你输出的任何东西，哪怕我收你费，我也不觉得我亏欠你，而是你会感谢我的事。

三、觉得自己的职业与销售无关。

还有些人不愿意做销售，原因是觉得自己的职业与销售无关，这就又大错特错了。我要说的是，全天下所有人都是销售员！

比如，说服爸妈不要天天只知道省钱，要好好照顾自己的身体，才是对家庭最大的责任。又如，说服领导给你加薪，说服员工好好干活等，都是一种销售行为。所以，永远不要认为自己跟销售无关。

在了解了销售之后，如何才能做好销售呢？下面为你介绍两个方法。

> 一、暗示自己是高手，把自己先卖给自己。
>
> 二、加强"我是在帮助别人"的信念。

图 8-2　如何做好销售的两个方法

一、暗示自己是高手，把自己先卖给自己。

首先我们要加强暗示，暗示自己是这个领域绝对有话语权的说服力高手。因为我们对自己的产品熟悉，对自己的市场、客户熟悉，对自己的方案有信心，所以我们要给自己这样一种暗示，把自己先卖给自己。

我们不能抵触销售，不要觉得销售是赚了人家的提成，好像没有给别人提供什么服务。如果是这样想的话，那就不要干了。

如果我们把一个好产品、好服务对接给了对的人，我们就是在帮人解决问题，帮人创造价值。如果他们没有和我们合作，那只是他们的损失，而不是我们的损失。

所以我们不要把销售当作一件很抵触的事，我们要先把自己卖给自己，相信自己在这方面绝对有话语权，是绝对专业权威的。

二、加强"我是在帮助别人"的信念。

我们需要给自己加强一种信念，我百分之百地相信，我是在帮助别人。

如果我们代理了一个产品，推广了一项服务，自己都不能有这样一个坚定的信心，证明自己都不相信能够帮助别人，那别人凭什么要相信你能帮助他呢？

所以，有些人遭到别人拒绝了之后，就立刻变得很沮丧。沮丧什么呀？如果是我的话，别人没有接受，我不会变得沮丧，我会怒其不争，哀其不幸，这才是销售人员应该有的状态。如果坚定地认为我们能帮到对方，对方却甩手不需要我们的帮助，我们就是这种心情。

作为销售，我百分之百相信自己在帮助别人。如果不能做到这一点，如果不觉得自己的产品百分之百在帮助别人，那就真的不是那么好的产品。建议你离开这家公司，换一个行业，找到那个你绝对有信心，把它当成一个极致宝贝的产品，再好好用心去推广。

只有我们的人与产品二者合一的时候，才能够真正地有说服力，才会有真正的影响力。

总结

把自己卖给自己，把销售卖给自己，相信自己百分之百有话语权，百分之百专业，具备说服力，给自己这种加强的暗示，以及相信"自己在帮助别人"这样一种信念加持。如此便可以提高我们的销售业绩，同时也改变我们对销售的理解，可以让我们在面对他人的时候，具备极致的状态和影响力。

做好这四个角色,从销售冠军到销售管理精英

如何从销售冠军过渡到销售管理精英呢?

我们很多销售员干活时很猛,尤其是拿业绩的时候,经常能够评为月度冠军、年度冠军,甚至连续几连冠,干业绩一点问题都没有。但是,突然有一天,因为业绩突出,公司将其提拔为销售经理,这时,就开始抓狂了,不知道该怎样去面对自己的下属,该怎样激励,该怎样监督,该怎样培训,该怎样带动下属,等等,都是问题。

怎么办呢?我们要想成为一个真正的销售管理精英,必须从我们接下来要讲的四种角色上下功夫。

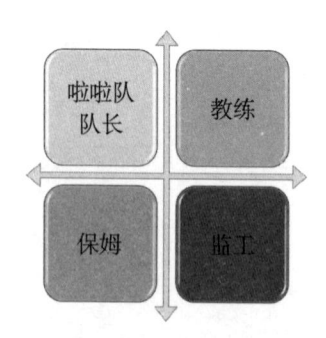

图8-3 成为销售管理精英需要做好四种角色

第一种角色,啦啦队队长。

所谓啦啦队队长,就是我们不仅要做好自己的业绩,同时还要不断地给大家提振士气、提振信心,不断地给大家打"鸡血",要让大家相信接下来还会更好。同时,遇到任何问题的时候,我们能够站出来让大家相信,只要有我在,就没有解决不了的问题,泰山压顶不弯腰,给大家这样一种非常坚定的、靠谱的感觉。

啦啦队队长,就是我们永远要想办法做出一些典型成绩,哪怕这个成绩不是我们自己做出来的。我们要想办法选对人,把他放对位置、做出典型之后,不断放大这种典型。哪怕只有一个典型,这样被我们不断放大,就会让所有人看到自己的希望和可能性——他能做到,我也能做到。

这就是啦啦队队长要做的事,不断地放大典型。

除此之外,啦啦队队长还要做到,遇到问题之后不要愁眉苦脸,永远不要让大家看到你沮丧的一面、痛苦的一面、一筹莫展的一面。永远让大家看到的都是"没问题,有我在,一定能解决;只要是人能解决的问题,我就能解决;只要见过这世上有人解决过,我就能解决",永远给大家这样一种士气和信心。

第二种角色,教练。

作为管理经理,我们不能光闷头干自己的业绩,而是要想办法驱动更多的人会干,并且干出结果来。

怎样让更多的人会干,把事干好呢?我们要想办法把自己干活的方式方法和经验提炼成可复制、可交付的一些方式方法。

比如,我们在拜访客户的时候遇到了哪些问题,我们是怎样一步一步解决这些问题的,把它提炼成方法,给大家去传授。

这就是培训工作,我们要做好教练,要能够把自己的经验,把自己看到的、经历到的或者是观察到、调研到、分析到的一些经验,全部复制给大家,让大家要学会不断地反思、总结、改进。这些,就是教练要做到的事情。

第三种角色,保姆。

所谓保姆,就是原来我们自己"一人吃饱,全家不饿",做好自己的成绩就OK了。但是现在,我们要关注到大家的思想状态,要关注到大家的生活、大家的生存问题,要关注到大家的情绪,这些,就是保姆要关注的维度。

我们看到公司新进的一个销售员,平常干活挺猛,突然今天心情不高兴,我们肯定不能不管不问,得想办法旁敲侧击,或者表示一下关心。了解到他失恋了，那得想办法开导；如果是他家里遇到什么问题，得想办法关心抚慰。这都是保姆的工作。

只有我们兼顾到下属的思想、下属的生活，下属才会兼顾我们想要让他兼顾的工作。所以，保姆工作就是我们要想办法做到让下属爱我们，让下属觉得我们就像他的大哥哥大姐姐，就像他的家长一样。

我们要让下属爱我们，这样的话，他才会有更大的动力为我们干活。

第四种角色，监工。

我们不仅要做到让下属爱我们，还要做到让下属怕我们，敬我们。要让他在我们面前有一定的敬畏心，他不好好干，干不出好成绩，就会有一点担心，有一点害怕。

我们要想办法把所有的销售过程具体化，让每一个环节都能够交付一些结果，管理结果就是管理过程，我们要想办法不断地监督下属，每一步是不是做得标准，是不是做得到位，是不是如实地落实了？只要整个管理过程做得非常棒，那结果就是必然的。

我们要想办法通过一些周计划、月计划、日计划甚至相关的流程管理、漏斗管理，想办法通过表格化、数据化之类的方法，做好我们的监督工作。

监督，有些人可能会说，我在做监督的时候，下边的人总觉得我不信任他。

其实，工作上没有信任不信任，这是工作角色之要求，不是我不信任你，因为我的工作也会被上司不断地检查，我也得对上面有交代，所以我要想办法把大家的结果汇总。

我们永远要记住，检查力等于执行力，没有检查就没有执行。就如在上学的时候一样，如果没有考试的环节，我们可能会更加涣散，尤其是上大学的时候。

所以，我们一定要定期考核，不断地对过程检查，做好监督工作。今天，我们对下属严，也许他现在不理解，但早晚有一天，哪怕他离开我们，也会感激我们曾经对他的严厉。

团队都在抢同一个客户，如何不得罪同事也能顺利签单

如果客户接触过公司其他销售又接触我们，如何在不得罪同事的情况下搞定这个客户呢？如果别的同事打小报告，怎么在上司面前立得住脚，或者说如何从一开始就做对呢？下面从两个维度提一些建议。

第一个维度是站在客户的维度，客户为什么选择我们而不选择其他同事，我们做对了什么？

第二个维度是站在经理的维度，即使其他人也曾经接触过这个客户，为什么经理还会支持我们，我们立得住脚是源于提前做对了什么？

一、客户的维度。

客户选择我们而不选择他人,我从感性和理性两个方面分别提一些建议。我们要从感性方面让他喜欢我们或者被我们打动,从理性角度让他觉得从我们这里能得到更多。

1. 感性。

我们要想办法做得更暖心一些,更能够打动客户的心,想办法让他更喜欢我们这个人,这样的话,我们就激发了他的感性脑。往往感性一上来,客户就更容易跟我们发生联结和合作,他不会考虑太多理性的因素。

所以,我们要想办法在跟客户接触的过程中,做到让客户对我们有好感。

那么,怎么做呢?从私人的角度来说,让他觉得我们是站在他的立场上,我们挺替他考虑的,挺像他的朋友、他的知己、他的密友。

比如,在展厅里我们给客户介绍完车子之后,客户还有很多这样那样的疑虑,这时,我们不妨把他拉到一边,甚至拉到展厅外面私下里跟他交流。

"其实啊,你今天提了很多,我也听出来你的真实诉求了。从原则上来说,你如果选择那款车,我还能挣更多的提成,但是,我不太建议你选择那款,为什么?因为你今天来,说实在话,你的真实诉求表明你用不上那款车上的那么多功能,对你来说,其实真正符合你诉求的是这款。"

我们这样一说会给客户一种站在他的立场考虑问题的感觉,这个时候,客户往往会表达感谢。

客户说:"谢谢,谢谢,其实我还有其他方面的需求,一二三什么的。"

"哦,你要是这样说的话,我给你做一个分析,有些高配你用不上,不妨直接来这个标配,等等。"我们站在客户的立场给他分析,给他拆解,"这 A 套餐、B 套餐和 C 套餐,我建议你直接选用 C 套餐。因为 C 套餐对你来说既经济又实惠,同时,最重要的是你今天选择了这个,后期还可以争取特权,跟高配享有一样的特权。"

我们这样说的话,就会让客户很喜欢我们这个人,就类似于餐厅里有些服务员,他推荐菜品时,一定在给顾客推荐之前,先看看外面,看看经理在不在,如果经理不在附近,就小声告诉顾客:"其实,尽管你不差钱,但点这个更实惠、更合适。"服务员这样说完之后,顾客就特别容易信赖他,他再推荐其他的东西就更容易让顾客相信。

这是我们从感性的方面做到让客户喜欢,让客户感动,他的感性脑被激发了之后,觉得我们很不错,他很喜欢,觉得我们更靠谱一些,这样就可以顺利签单。

2. 理性。

客户选择我们的理性原因是什么呢?就是我们能够给他更

多，让他获得感更强。这是我们拿下签单的非常重要的原因。

我们需要给他提供更多的增值服务，比如我们懂的别人不懂，我们会的别人不会，我们能解决别人解决不了的专业问题，我们比别人更专业，比别人更有资源，我们还有其他的人脉，还有更能够帮助到客户的一些渠道，等等。

甚至有些时候，在跟客户聊天的过程中，我们让客户隐约感觉到好像在店里，我们跟店长还有一种莫名其妙的特别不错的关系，说不定未来还可以给他争取一些相应的福利。这样，他就会特别愿意跟我们交易。

二、经理的维度。

如何在别人打小报告的时候，还让经理愿意力挺我们，让我们站得住脚呢？我们要做到四个第一。

图 8-4　别人打小报告时经理力挺我们的四个第一

1. 规则第一。

规则第一，就是我们一定要在规则之内，用一些新的方式方法让客户跟我们交易。如果我们打破了公司的规定，破坏了原有的制度以及原有的体系规则，那么，我们就有可能成为害群之马，让领导担心我们是破坏公司规则而赢来的订单，是从别人那儿抢过来的订单，那有可能会成为一个负面典型而不是正面典型。

所以，这一点一定要注意，要在规则之内去拿下订单。

2. 态度第一。

我们要记住，领导之所以还能够力挺我们，即使别人打小报告，仍然力挺我们，是因为我们一定是值得别人去学习的。比如，我们在跟进客户的整个过程中都做了哪些细节，做了多少调研，甚至每一次回访的相应记录写了满满一页纸，回访了多少次全都留有相应的痕迹，这样就体现出我们做事极其认真负责，领导力挺我们就是希望把这认真负责的工作态度在整个公司能够传播开来。

所以，我们不能够仅仅证明自己能力很强，本事很大，因为公司鼓励的工作文化，一定是无论能力如何，都首先要有认真负责的工作态度。

3. 证据第一。

别人不是打小报告吗，我们得想办法把各种活儿做细了，把痕迹全部管理起来，以备将来有一天别人打小报告的时候能够把痕迹拿出来，甚至拿出来之后还能够成为整个公司传承的示范。

提醒大家，我们一定要把跟客户的聊天记录、跟进记录、相应的回访记录以及对客户档案信息管理分析的相应文字资料等都保留好。这样的话，将来即使有人打小报告，我们也可以从这项工作什么时候开始的，其间都做了什么事，一清二楚地讲明白。证据充分，领导自然会站在我们这一边。

4．结果第一。

无论用什么样的方式方法，我们都得想办法在规则之内拿下更多的客户，拿下更多的订单。如果每个月我们都能成为整个店里的销售冠军，并且没有破坏规则，那么，这种事实的影响力，足以让更多人信服我们，谁也很难通过打小报告这种小人形式真正把我们绊倒，因为我们有足够成功的事实。这种事实影响力已经可以让别人产生正面联想了，足以让更多人愿意相信我们。

这是我们的本事，努力拼命获得的，也是日积月累经验的成果。这其实就是强者定律，越强的人，不管是客户方、团队还是领导层，都更愿意给他更多的机会，让他变得更强。而越是不思进取的人，就越是一直做不出成绩。

总结

面对客户我们需要从感性上做到让对方更喜欢，觉得我们更靠谱；从理性上让他觉得我们更值得信赖，让他更有获得感。面对经理，我们需要做到在职场上跟人打交道的时候，要坚持规则第一、态度第一、证据第一、结果第一。

这些都是我们工作能做好，同时又更受欢迎的底层逻辑。